Les *indispensables* du

Droit du travail

PLEIN
DROIT

Les *indispensables* du

Droit du travail

RÉFORMÉ

Sous la coordination de Bernard **Bossu**

Alexandre **Barège**

Céline **Leborgne-Ingelaere**

Jean-Philippe **Tricoit**

ellipses

Retrouvez les livres de la collection « Plein Droit »
sur le site www.editions-ellipses.fr

ISBN 9782340-015890

32, rue Bargue 75740 Paris cedex 15

www.editions-ellipses.fr

Sommaire

Fiche 1

Présentation générale du droit du travail

▶ Objectifs de la fiche

- Comprendre l'objet du droit du travail.

Références jurisprudentielles

– Cass. Crim., 22 juillet 1981, Bull. crim, n° 237.
– Cass. soc., 12 juillet 2006, *RJS* 2006, n° 1108.

1. Perspective historique

À l'époque du capitalisme naissant, les travailleurs étaient dans une misère effroyable. La concurrence entre les employeurs avait conduit chacun d'eux à utiliser au maximum la force de travail. Avec le développement des écoles socialistes et du mouvement social catholique, la société va prendre conscience de la réalité sociale : l'État ne peut plus se désintéresser de la condition ouvrière. Ainsi, la loi du 22 mars 1841 interdit de travailler avant l'âge de 8 ans. Puis les grandes lois sociales vont se multiplier en particulier sous la IIIe République (reconnaissance de la liberté syndicale, instauration des congés payés…).

2. Les finalités du droit du travail

La finalité première du droit du travail est la protection du salarié. C'est pourquoi, le concept d'ordre public social, qui permet à une norme de déroger à loi mais uniquement en faveur du salarié, occupe une place particulière au sein de cette matière. Toutefois, si le droit du travail protège le salarié, c'est également afin de permettre un développement harmonieux de l'entreprise. Le contrat de travail repose sur la subordination et explique, au moins en partie les pouvoirs de l'employeur. Par ailleurs, depuis quelques années, on assiste à un développement de la flexibilité. Le droit du travail serait devenu un frein à l'emploi en raison de sa trop grande rigidité. En conséquence, la protection accordée au salarié diminue et les conventions collectives, peuvent dans certains cas, réduire les droits accordés par la loi aux salariés.

3. Les instances de contrôle du droit du travail

C'est d'abord le juge qui est chargé de faire respecter la loi sociale. Le juge naturel en droit du travail est le conseil de prud'hommes. Sa compétence suppose la réunion de trois éléments : un contrat de travail, un différend né à l'occasion de ce contrat, et un différend individuel. Les différends de nature collective sont de la compétence du TGI. Toutefois, la jurisprudence entend largement la notion de différend individuel. Par ailleurs, à côté du juge civil, le juge pénal est également très présent car beaucoup de dispositions du Code du travail sont pénalement sanctionnées. Le juge administratif intervient également car certaines décisions de l'employeur exigent l'accord de l'inspecteur du travail.

En dehors du juge, c'est l'inspecteur du travail, qui dans le cadre de sa mission de contrôle, est chargé de faire respecter le droit social. Pour mener à bien cette mission, l'inspecteur du travail dispose de trois droits. Il a tout d'abord un droit de visite qui lui permet de pénétrer sans autorisation préalable dans tous les lieux où travaillent des salariés. L'inspecteur du travail a ensuite un droit de prélèvement sur les produits utilisés par les salariés. Enfin, il a le droit de se faire communiquer les registres dont la tenue s'impose dans l'entreprise. Si à l'occasion d'un contrôle, l'inspecteur du travail constate une infraction, il peut dresser un procès-verbal. En pratique, il met souvent d'abord en demeure le chef d'entreprise de se conformer à la loi.

Les indispensables

- Le droit du travail est un droit ambivalent : s'il vise à protéger le salarié, il ne s'oppose pas pour autant aux intérêts de l'entreprise.
- Le conseil de prud'hommes est le juge naturel des litiges en droit du travail.
- L'inspecteur du travail est chargé de contrôler l'application des lois et des conventions collectives.

Cas pratique

Jules, qui travaille pour l'entreprise Duchemin depuis 5 ans, n'est guère apprécié de sa direction en raison de son activité syndicale. Il soupçonne l'employeur de tenir compte de celle-ci dans sa fiche d'appréciation. À l'occasion de la visite de l'inspecteur du travail, il évoque sa situation. L'inspecteur demande alors à l'employeur de lui communiquer sa fiche d'appréciation mais il se voit opposer un refus. Par ailleurs, le salarié ne perçoit pas la prime de fidélité prévue par la convention d'entreprise. En conséquence, il a décidé de saisir le conseil des prud'hommes. Mais l'employeur lui oppose l'incompétence de cette juridiction, il devait saisir le TGI car le litige porte sur l'interprétation d'une convention collective.

Corrigé

L'inspecteur du travail est chargé de contrôler l'application dans l'entreprise des lois et des conventions collectives. Pour mener à bien sa mission, il dispose d'un droit de visite dans tous les établissements où travaillent les salariés. Il a aussi un droit de communication. L'article L. 8113-4 du Code du travail prévoit que les inspecteurs du travail « peuvent se faire présenter, au cours de leurs visites, l'ensemble des livres, registres et documents rendus obligatoires » par le Code du travail. Il en va ainsi par exemple du registre unique du personnel (C. trav., art. L. 1221-13). Qu'en est-il des fiches d'appréciation du personnel ? La loi ne prévoyant pas expressément la communication de ces fiches, l'employeur peut en principe refuser de les transmettre à l'employeur. Toutefois, depuis la loi du 16 novembre 2001, l'article L. 8113-5 du Code du travail permet aux inspecteurs du travail de se faire communiquer tout document ou tout élément d'information, quel qu'en soit le support, utile à la constatation de faits susceptibles de caractériser l'existence d'une discrimination. Et, comme en l'espèce Jules estime être victime d'une discrimination syndicale, l'employeur ne peut refuser de présenter à l'inspecteur la fiche d'appréciation de ce salarié.

Le deuxième problème soulevé par le cas pratique est relatif à la compétence du conseil de prud'hommes. Pour le saisir, il faut un contrat de travail, un différend né à l'occasion du contrat de travail et un différend individuel. Pour l'employeur, le différend étant de nature collective et pas individuelle, c'est le TGI qui est compétent et pas le juge prud'homal. Il est vrai qu'on pourrait penser que l'interprétation d'une convention collective, c'est-à-dire d'un accord signé entre l'employeur et les syndicats représentatifs relève naturellement du TGI. Toutefois, la Cour de cassation interprète largement la notion de différent individuel. Elle considère que si le litige qui oppose un employeur à un salarié porte sur le salaire auquel celui prétend avoir droit en vertu de la convention collective, le conseil de prud'hommes est compétent. Or, en l'espèce, le débat est lié au versement d'une prime de fidélité prévue par la convention collective. Le salarié peut donc légitimement saisir le juge prud'homal. En revanche, le conseil de prud'hommes ne serait pas compétent en cas d'opposition entre l'employeur et les syndicats sur l'interprétation de la convention collective.

Fiche 2

Les sources du droit du travail

▶ Objectifs de la fiche

- Comprendre la hiérarchie des normes en droit du travail.

Références jurisprudentielles

- Cass. Ass. Plén., 18 mars 1988, *D.* 1989, p. 221, note J.-P. Chauchard.
- Cass. soc., 19 février 1997, Dr soc. 1997, p. 432, note G. Couturier.
- Cass. soc., 17 février 2010, *JCP S*, 1201, note A. Martinon.

Il existe en droit du travail des sources internes et internationales qui se combinent.

1. Les sources internes

En droit du travail, le préambule de la Constitution de 1946, auquel renvoie le préambule de la Constitution de 1958, énonce des principes particulièrement nécessaires à notre temps qui intéressent le droit du travail (liberté syndicale, droit de grève, non-discrimination…). Si le législateur méconnaît ses principes, le texte voté par le Parlement sera annulé. Parmi les autres sources internes, on va trouver la loi. Celle-ci occupe une place essentielle car le législateur réglemente de façon approfondie les relations de travail. La jurisprudence est aussi une source importante car la chambre sociale de la Cour de cassation se montre très active. Elle opère notamment un contrôle strict sur les licenciements. Les conventions collectives qui sont négociées avec les syndicats représentatifs permettent de compléter les règles qui vont gouverner la relation de travail. Par ailleurs, le règlement intérieur de l'entreprise, qui est rédigé unilatéralement par l'employeur, va fixer les règles de discipline applicables dans l'entreprise. On notera enfin que les usages d'entreprise sont aussi une source du droit du travail. Dès lors que l'employeur accorde de façon régulière des avantages à un groupe de salariés, on se trouve en présence d'usages d'entreprises qui vont lier l'employeur. Pour les remettre en cause, il doit respecter un préavis, informer le comité d'entreprise et informer individuellement les salariés concernés.

2. Les sources internationales

Depuis 1919, l'Organisation international du travail s'efforce, grâce à l'adoption de conventions internationales, de promouvoir un droit international du travail. À titre d'exemple on retiendra que la convention n° 111, ratifiée par la France en 1981, prohibe toute discrimination dans les relations de travail. Au sein de l'Union européenne, des directives ont été adoptées pour réglementer la relation de travail. Elles concernent notamment les questions liées à l'hygiène et à la sécurité et la prohibition des discriminations.

3. La combinaison des sources

On retrouve en droit du travail, le principe de la hiérarchie des normes. Normalement, un texte de catégorie inférieure est toujours subordonné à un texte de catégorie supérieure et ne peut y déroger. Toutefois ce principe est largement tempéré par le mécanisme de l'ordre public social qui signifie qu'une norme inférieure peut déroger à une norme hiérarchiquement supérieure si cela est plus favorable pour le salarié. L'article L. 2251-1 du Code du travail prévoit ainsi qu'« une convention ou un accord peut comporter des stipulations plus favorables aux salariés que les dispositions légales en vigueur ». Toutefois, à côté de l'ordre public social, il existe un ordre public absolu auquel on ne jamais déroger même en faveur du salarié. Par ailleurs, dans un contexte de flexibilité au travail, on voit se développer les accords dérogatoires : la loi permet à la convention collective d'entreprise de déroger aux dispositions du Code du travail dans un sens moins favorable au travailleur.

Les indispensables

- Lorsque l'employeur accorde de façon régulière un avantage à un groupe de salariés, on se trouve en présence d'un usage d'entreprise. L'employeur peut remettre en cause cet usage sous réserve de respecter un délai de préavis et d'informer le comité d'entreprise et chaque salarié concerné.
- Lorsqu'une norme relève de l'ordre public absolu, on ne peut jamais y déroger, même en faveur du salarié.
- L'ordre public social signifie qu'une norme inférieure peut déroger à une norme hiérarchiquement supérieure si cela est plus favorable pour le salarié.
- Les accords dérogatoires se définissent comme des accords collectifs qui, dès lors que la loi le permet, peuvent contenir des normes moins favorables pour le salarié que celles figurant dans le Code du travail.

Cas pratique

Monsieur Castagné dirige une société qui fabrique des meubles. La convention collective de branche applicable à l'entreprise prévoit le versement chaque année d'une prime de vacances. Par ailleurs, le contrat de travail de chaque salarié fait état d'un salaire annuel payable en treize fois. L'employeur considère qu'il n'est pas possible de cumuler ces deux avantages mais les salariés de l'entreprise ne partagent pas son avis.
Le directeur de l'entreprise est également confronté à un problème redoutable quant à la détermination du montant du salaire des cadres de l'entreprise. La nouvelle convention collective d'entreprise, qui vient d'être signée avec les syndicats représentatifs, prévoit que l'employeur s'engage à maintenir les emplois pendant deux ans mais en contrepartie les salaires des cadres sont diminués de 500 €. Or, deux cadres, Arthur et Gilbert, veulent continuer à bénéficier du salaire plus élevé prévu par l'ancienne convention collective.

Corrigé

La première difficulté à résoudre est celle du cumul des avantages. Peut-on cumuler la prime de vacances avec le treizième mois de salaire ? Le salarié peut cumuler les avantages dès lors qu'ils n'ont pas le même objet ou la même cause. En revanche, les avantages ayant le même objet ou la même cause ne peuvent, sauf stipulations contraires, se cumuler, le plus favorable d'entre eux pouvant seul être accordé. Ainsi, la disposition contractuelle prévoyant un salaire annuel payable en treize fois a pour objet de rémunérer l'activité professionnelle. Et, la prime de vacances prévue par la convention collective a pour objet d'octroyer un supplément de ressources avant les congés d'été. Les dispositions en cause n'ayant pas la même finalité, elles peuvent se cumuler. Au contraire, la Cour de cassation a décidé qu'une « prime de déplacement annuelle » et une « indemnité de trajets quotidiens » ont le même objet, à savoir la prise en charge des frais de transport. En conséquence, elles ne peuvent se cumuler (Cass. soc., 18 janv. 2012, n° 10-14.307).

Une deuxième difficulté doit être résolue : la diminution des salaires des cadres en contrepartie d'un maintien des emplois. Depuis quelques années, on voit se multiplier les accords sur l'emploi : un employeur s'engage à ne pas licencier pour motif économique pendant quelques mois mais en contrepartie les salariés doivent renoncer à certains avantages. Dans ce cas, la Cour de cassation décide depuis le 19 février 1997 que dès lors qu'un accord collectif contient un engagement de maintien de l'emploi, il est globalement plus favorable pour les salariés (Cass. soc., 19 fév. 1997). En conséquence, ils ne peuvent se prévaloir du texte initial. On notera que les accords sur l'emploi ont été légalisés par la loi du 14 juin 2013 relative à la sécurisation de l'emploi (C. trav., art. L. 5125-1 et s). En vertu de ce texte, si le salarié refuse un accord sur l'emploi, il peut être licencié pour motif économique (C. trav., art. L. 5125-2).

Fiche 3

La notion de contrat de travail

▶ Les objectifs de la fiche

- Comprendre ce qu'est un contrat de travail et savoir l'identifier.

Références jurisprudentielles

- Cass. soc., 22 juill. 1954, n° 44-590; *Bull. civ. IV*, n° 476.
- Cass. soc., 13 nov. 1996, n° 94-13.187, *Bull. civ. V*, n° 382; *Dr. soc.*, p. 1067, note J.-J. Dupeyroux.
- Cass. soc., 17 avr. 1991, n° 88-40.-121; *Bull. civ. V*, n° 200; *Dr. soc.*, p. 516.

1. Définition

Aussi surprenant que cela puisse paraître, sauf dans certains cas particuliers (voir Fiche 4.), le contrat de travail n'est pas défini par la loi. La Cour de cassation s'est alors efforcée de préciser les contours de la notion. De la jurisprudence, il en ressort que le contrat de travail est la convention par laquelle une personne physique s'engage à mettre son activité à la disposition d'une autre personne, physique ou morale, sous la subordination de laquelle elle se place, moyennant rémunération.

2. Critères

Pour qu'un contrat de travail puisse être caractérisé, trois critères doivent être cumulativement réunis. En premier lieu, le contrat de travail implique l'existence d'une prestation de travail. La Cour de cassation retient une conception extensive de la notion de prestation de travail. Ainsi, dès lors qu'elle est exécutée, non pas à titre d'activité privée mais dans un lien de subordination, pour le compte et dans l'intérêt d'un tiers en vue de la production d'un bien ayant une valeur économique, l'activité, quelle qu'elle soit, est une prestation de travail soumise au droit du travail. En deuxième lieu, tout contrat de travail implique une rémunération, quel que soit le mode de calcul, son montant ou sa forme. Elle peut donc être attribuée en argent ou en nature. Elle constitue la contrepartie de la prestation de travail fournie par le salarié. En dernier lieu, le contrat de travail nécessite un lien de subordination juridique. Celui-ci est caractérisé par l'exécution d'un travail sous l'autorité d'un employeur qui a le pouvoir de donner des ordres et des directives, d'en contrôler l'exécution et de sanctionner les manquements de son subordonné.

3. Indisponibilité de la qualification

Le droit du travail étant un droit d'ordre public, la volonté des parties est impuissante à soustraire un individu à son statut social. Depuis un arrêt du 17 avril 1991, la Cour retient, de façon constante, que « l'existence d'une relation de travail salarié ne dépend ni de la volonté exprimée par les parties ni de la dénomination qu'elles ont donné à leur convention, mais des conditions de fait dans lesquelles est exercée l'activité des travailleurs ». Ainsi, au regard de la réalité objective, le juge doit vérifier si les critères du contrat de travail sont caractérisés. Si tel est le cas, la relation contractuelle doit être qualifiée de contrat de travail et le droit du travail doit s'appliquer au salarié.

4. Intervention législative ponctuelle

Face à la complexité de certaines situations, le législateur est ponctuellement intervenu pour affirmer l'existence d'une présomption simple de salariat (situation des journalistes par exemple, V. C. trav., L. 7112-1), d'une présomption irréfragable (situation des VRP par exemple, V. C. trav., L. 7313-1), pour étendre le bénéfice des dispositions du Code du travail en écartant la recherche d'un lien de subordination (gérants de succursales par exemple, V. C. trav., L. 7321-1 et s.) ou, à l'inverse, pour poser une présomption simple de non-salariat pour les personnes physiques immatriculées sur certains registres (V. C. trav., L. 8221-6).

Les indispensables

- Le contrat de travail n'est pas défini par la loi.
- Le contrat de travail est la convention par laquelle une personne physique s'engage à mettre son activité à la disposition d'une autre personne, physique ou morale, sous la subordination de laquelle elle se place, moyennant une rémunération.
- Le contrat de travail implique la réunion de trois critères : une prestation de travail, une rémunération et un lien de subordination.
- La Cour de cassation retient une conception extensive de la notion de prestation de travail.
- La rémunération peut être attribuée en argent ou en nature.
- Le lien de subordination est caractérisé par l'exécution d'un travail sous l'autorité d'un employeur qui a le pouvoir de donner des ordres et des directives, d'en contrôler l'exécution et de sanctionner les manquements de son subordonné.
- L'existence d'une relation de travail salarié ne dépend ni de la volonté exprimée par les parties ni de la dénomination qu'elles ont donné à leur convention, mais des conditions de fait dans lesquelles est exercée l'activité des travailleurs.
- Le législateur intervient ponctuellement pour régler certaines situations complexes (gérant de succursales, journalistes ou travailleurs immatriculés en tant qu'indépendants par exemple).

Cas pratique

Parallèlement à ses études, Monsieur LEBLEU exerce la profession de livreur de pizza sous le statut d'auto-entrepreneur. Depuis deux ans, il a pour unique client la société Pizza Blabla. Cette dernière lui fournit un scooter, l'essence, elle lui impose des horaires de travail et elle coordonne l'activité des différents livreurs. Enfin, les conditions financières d'intervention de Monsieur LEBLEU lui ont été imposées par la société Pizza Blabla, à savoir 2 euros par livraison. Deux ans plus tard, la société Pizza Blabla annonce à Monsieur LEBLEU qu'elle ne fera plus appel à lui. Monsieur LEBLEU fait alors le constat que, compte tenu de son statut, aucune indemnité ne lui est versée à l'occasion de la cessation de la relation contractuelle avec la société Pizza Blabla. Monsieur LEBLEU s'interroge sur les recours qu'il pourrait exercer.

Corrigé

Le cas pratique conduit à mettre en évidence l'impossibilité d'exclure un travailleur de la protection que lui offre le droit du travail en qualifiant une relation contractuelle autrement que de contrat de travail alors même que tous les critères du contrat de travail sont réunis. Après avoir rappelé que la présomption de non-salariat peut être renversée, il convient de revenir sur les critères du contrat de travail et l'indisponibilité de la qualification.

La présomption de non-salariat est posée par l'article L. 8221-6-I du Code du travail. Ce texte pose une présomption de non-salariat, notamment pour les personnes physiques immatriculées au registre du commerce et des sociétés, au répertoire des métiers, au registre des agents commerciaux ou auprès des URSSAF. La présomption posée n'est toutefois pas irréfragable. L'article L. 8221-6-II prévoit qu'elle peut être renversée lorsque, durant sa prestation de travail, le travailleur se trouve sous la subordination juridique permanente d'un donneur d'ordre.

En l'espèce, Monsieur LEBLEU est immatriculé en tant qu'auto-entrepreneur. En conséquence, dans ses rapports avec la société Pizza Blabla, Monsieur LEBLEU est présumé ne pas être salarié. Il peut néanmoins renverser la présomption en démontrant l'existence d'un lien de subordination à l'égard du donneur d'ordre.

Le contrat de travail implique la réunion de trois critères : une rémunération, une prestation de travail et un lien de subordination. La rémunération est la contrepartie du travail. Elle peut être en nature ou en argent. La prestation de travail est entendue largement. Dans plusieurs affaires concernant des participants à des émissions de téléréalité, la Cour de cassation a considéré que « dès lors qu'elle est exécutée, non pas à titre d'activité privée mais dans un lien de subordination, pour le compte et dans l'intérêt d'un tiers en vue de la production d'un bien ayant une valeur économique, l'activité, quelle qu'elle soit, peu important qu'elle soit ludique ou exempte de pénibilité, est une prestation de travail soumise au droit du travail » (Cass. soc., 3 juin 2009, n° 08-40.981 à 08-40.983 ; 08-41.712 à 08-41.714). Enfin, la Cour de cassation retient que le lien de subordination est caractérisé par l'exécution d'un travail sous l'autorité d'un employeur qui a le pouvoir de donner des ordres et des directives, d'en contrôler l'exécution et de sanctionner les manquements de son subordonné (Cass. soc., 13 nov. 1996, n° 94-13.187). Dans le cadre de son contrôle, le juge ne doit pas s'arrêter à la dénomination donnée par les parties à leur convention. Il doit examiner les conditions de fait pour déterminer si la relation contractuelle est un contrat de travail.

En l'espèce, l'existence d'une prestation et d'une rémunération n'est pas contestable. Le fait que la société Pizza blabla impose le lieu et les horaires de travail, qu'elle fournisse le matériel permettant d'exécuter la prestation et qu'elle impose les conditions de rémunération constituent autant d'indices qui démontrent l'existence d'un lien de subordination. Monsieur LEBLEU peut donc saisir le Conseil de prud'hommes pour faire reconnaître l'existence d'un contrat de travail avec toutes les conséquences qui en découlent : rappel de salaire sur la base du SMIC ou du minimum conventionnel, dommages et intérêts au titre de la rupture du contrat de travail, reconnaissance d'une situation de travail dissimulé notamment.

Fiche 4

Le recrutement du salarié

▶ Objectifs de la fiche

- Identifier les limites de la liberté de recruter.
- Connaître les principes gouvernant la sélection d'un salarié.

Références jurisprudentielles

- Cass. soc., 13 mai 1969 : *D.* 1969, 528, note J. Savatier.
- Cass. soc., 17 octobre 1973, n° 72-40.360.
- Cass. soc., 25 avril 1990 : *D.* 1991, 507, note J. Mouly.

Corollaire de la liberté d'entreprendre, la liberté de contracter est un principe à valeur constitutionnelle. Si l'employeur est libre de recruter un salarié, certaines limites s'imposent à lui. La sélection est aussi encadrée.

1. La liberté de recruter

La liberté de recruter est protégée sous réserve du respect des droits des personnes et libertés individuelles et collectives du salarié (C. trav., art. L. 1121-1). Depuis 2005, l'employeur n'a plus l'obligation de notifier à Pôle emploi tout emploi vacant dans son entreprise.

2. Les limites à la liberté de recruter

L'interdiction des discriminations à l'embauche. - L'article L. 1132-1 du code du travail constitue le texte de référence. Ce texte, fruit d'une transposition de plusieurs directives européennes, vise l'embauche, l'exécution et la rupture du contrat de travail. Il interdit les discriminations directes et indirectes. Des différences de traitement sont envisageables si elles répondent à une exigence professionnelle et déterminante et que l'objectif est légitime et l'exigence proportionnée (C. trav., art. L. 1133-1).

Les priorités d'emploi et de réembauche. - Certaines personnes doivent être recrutées en priorité. Tout employeur occupant au moins 20 salariés doit employer des travailleurs handicapés dans une proportion de 6 % de son effectif salarié (ou préférer un accueil en stage, une contribution financière à l'Agefiph, etc.). Le salarié licencié pour motif économique bénéficie d'une priorité de réembauche durant un délai d'un an à compter de la date de rupture de son contrat (C. trav., art. L. 1233-45). En cas de démission pour élever un enfant, le salarié peut aussi solliciter sa réembauche (art. C. trav., L. 1225-67).

Les interdictions d'emploi. – Certaines règles sont posées pour encadrer le travail des jeunes notamment. Le travail est autorisé à partir de 16 ans, parfois 14 ans si le jeune effectue des travaux légers, notamment pendant les vacances scolaires. Jusqu'à l'âge de 18 ans, le jeune bénéficie de règles protectrices spécifiques.

L'emploi des travailleurs étrangers. – Les ressortissants des États non-membres sont soumis à autorisation de séjour et de travail.

3. La sélection

Pertinence. - Les informations demandées, sous quelque forme que ce soit, au candidat à un emploi ne peuvent avoir comme finalité que d'apprécier sa capacité à occuper l'emploi proposé ou ses aptitudes professionnelles. Ces informations doivent présenter un lien direct et nécessaire avec l'emploi proposé ou avec l'évaluation des aptitudes professionnelles. Le candidat est tenu d'y répondre de bonne foi (C. trav., art. L. 1221-6). La vie privée du candidat doit être respectée.

Transparence. - Un principe de transparence dans la collecte des informations s'impose : « aucune information concernant personnellement un candidat à un emploi ne peut être collectée par un dispositif qui n'a pas été porté préalablement à sa connaissance » (C. trav., art. L. 1221-9). Le candidat à un emploi est expressément informé, préalablement à leur mise en œuvre, des méthodes et techniques d'aide au recrutement utilisées à son égard (C. trav., art. L. 1221-8).

Les indispensables

- L'employeur doit respecter le principe de non-discrimination à tous les stades du contrat de travail, et notamment lors du recrutement. Par exception, certaines différences sont toutefois autorisées.
- Le recrutement doit s'opérer dans le respect des droits et libertés individuelles.
- L'employeur est parfois tenu de respecter certaines priorités. Par exemple, elles peuvent être justifiées par le handicap ou une rupture de contrat antérieure légitimant que le salarié puisse être embauché de préférence à d'autres, si un poste correspondant à sa qualification est à pourvoir dans l'entreprise.
- Les informations demandées doivent avoir un lien direct et nécessaire avec l'emploi proposé et l'évaluation de ses aptitudes. Le candidat doit y répondre de bonne foi.
- Les méthodes de recrutement doivent être pertinentes, loyales et portées à la connaissance des candidats.

Cas pratique

Alain D'hissoir, Président d'un club de football, a décidé d'embaucher une personne pour assurer le nettoyage des vestiaires, tenir le bar lors des matchs et assurer la lessive des maillots. Il fait donc passer un entretien d'embauche à plusieurs candidats pour finalement retenir la candidature de Tom. Dans un questionnaire écrit, il a demandé à chacun d'indiquer adresse et date de naissance. Il les a aussi questionnés sur leurs antécédents judiciaires et médicaux. Il a finalement choisi Tom qui appartient au même syndicat que lui.

Debby, qui n'a pas été recrutée, vous interroge sur la sélection opérée.

Corrigé

Ce cas pratique renvoie aux règles gouvernant la sélection des candidats.

1. Informations demandées lors de l'entretien

Les informations demandées au candidat à un emploi ne peuvent avoir comme finalité que d'apprécier sa capacité à occuper l'emploi proposé ou ses aptitudes professionnelles. Ces informations doivent présenter un lien direct et nécessaire avec l'emploi proposé ou avec l'évaluation des aptitudes professionnelles. Le candidat est tenu de répondre de bonne foi (C. trav., art. L. 1221-6). Aucune personne ne peut être écartée d'une procédure de recrutement en raison de [...] de ses activités syndicales ou mutualistes [...] ou en raison de son état de santé (C. trav., art. L. 1132-1). L'article 9 du code civil consacre aussi le droit au respect de la vie privée.

L'adresse et la date de naissance sont des éléments indispensables lors de la conclusion d'un contrat de travail. Par contre, un candidat n'a pas l'obligation, lors de son embauche, de faire mention d'antécédents judiciaires (Cass. soc., 25 avril 1990 : *D.* 1991, 507, note J. Mouly). Les questions relatives à l'appartenance syndicale du candidat, insérées dans un questionnaire d'embauche, constituent, sans qu'il y ait lieu de tenir compte de l'incidence de la réponse faite par le travailleur sur les décisions de l'employeur, une atteinte à la liberté syndicale (Cass. soc., 13 mai 1969 : *D.* 1969, 528, note J. Savatier). Les renseignements et pièces demandés lors de l'embauchage doivent avoir pour seul but de permettre à l'employeur d'apprécier les qualités du salarié (Cass. soc., 17 octobre 1973, n° 72-40.360). Le candidat n'a pas à fournir d'information sur son état de santé à l'employeur. Les renseignements relatifs à l'état de santé du candidat ne peuvent être confiés qu'au médecin du travail (Cass. soc., 21 sept. 2005, n° 03-44.855).

En l'espèce, les questions ne présentent pas, pour l'essentiel d'entre elles, de lien direct et nécessaire avec l'emploi proposé. Elles revêtent, en outre, un caractère discriminatoire.

2. Sanctions de la discrimination à l'embauche

Le simple fait de poser une question discriminatoire est passible de sanction (Cass. soc., 13 mai 1969 : *D.* 1969, 528, note J. Savatier.). Toute disposition ou tout acte discriminatoire pris à l'égard d'un salarié est nul (C. trav., art. L. 1132-4). Toutefois, la remise en état est peu appropriée s'agissant d'une discrimination à l'embauche. Le candidat évincé peut obtenir réparation du préjudice subi (pour la perte de chance d'être embauché). De plus, la discrimination peut être sanctionnée sur le terrain pénal (C. pénal, art. 225-1).

Encore faut-il prouver la discrimination ! Le mécanisme probatoire est précisé à l'article L. 1134-1 du code du travail : il appartient au candidat à un recrutement, à un stage ou à une période de formation en entreprise de présenter des éléments de fait laissant supposer l'existence d'une discrimination directe ou indirecte. Il appartient ensuite à l'employeur de prouver que sa décision est justifiée par des éléments objectifs étrangers à toute discrimination.
En l'espèce, Debby pourra théoriquement prétendre au versement de dommages et intérêts, voire obtenir une condamnation pénale de l'employeur. Toutefois, une limite de taille est à relever : la preuve des questions discriminatoires. Le questionnaire distribué n'a sans doute pas été restitué par l'employeur !

Fiche 5

La conclusion du contrat de travail

▶ Objectifs de la fiche

- Comprendre quels sont les éléments essentiels et caractéristiques de la conclusion d'un contrat de travail.

Références jurisprudentielles

- Cass. soc., 16 février 1999, n° 96-45.565.
- Cass. soc., 30 mars 1999, n° 96-42.912.
- Cass. soc., 15 décembre 2010, n° 08-42.951.

Le contrat de travail est régi par les règles du droit commun (C. trav., art. L. 1221-1), applicable à tout type de contrat, énoncées par le Code civil. La validité du contrat de travail requiert la réunion des conditions de l'article 1128 du Code civil : le consentement des parties, leur capacité de contracter et un contenu licite et certain. Le consentement doit être libre, c'est-à-dire exempt de toute erreur, de tout dol et de toute violence physique, morale ou économique. L'interprétation de ces vices est restrictive. En effet, « *la fourniture de renseignements inexacts par le salarié lors de l'embauche n'est un manquement à l'obligation de loyauté susceptible d'entraîner la nullité du contrat de travail que si elle constitue un dol;* [elle] *ne constitue une faute susceptible de justifier le licenciement que s'il est avéré que le salarié n'avait pas les compétences effectives pour exercer les fonctions pour lesquelles il a été recruté* » (Cass. soc. 30 mars 1999, n° 96-42912). Les cas légaux de nullité sont rares : les procédures d'enchères électroniques inversées en matière de fixation du salaire (C. trav., art. L. 1221-4). Les obligations de renseignement de l'employeur minorent également la possibilité de se prévaloir d'un dol. N'est pas une manœuvre dolosive la mention sur le CV d'une expérience professionnelle imprécise et susceptible d'une interprétation erronée (Cass. soc. 16 févr. 1999, n° 96-45.565). Sur la capacité, en principe, le mineur ne peut être embauché que s'il a atteint l'âge légal à partir duquel il n'est plus soumis à l'obligation scolaire, à savoir seize ans (C. trav., art. L. 4153-1). Sur le contenu, l'activité entreprise ne doit pas porter atteinte à l'ordre public et aux bonnes mœurs (C. civ., art. 6), comme la prostitution (Com., 12 nov. 1974, *Bull. civ.* IV, n° 283) ou le maintien de relations adultères (Cass. soc. 4 oct. 1979, n° 78-41.097).

Le contrat de travail – parce qu'il est un contrat spécial – est aussi soumis à des règles spécifiques précisées aux articles L. 1221-1 et suivants du Code du travail. Par principe, il peut être établi selon les formes que les parties contractantes décident d'adopter. Il est rédigé en français (C. trav., art. L. 1221-3), le travailleur étranger pouvant en demander la traduction, celle-ci faisant foi en cas de contentieux. En principe, le contrat de travail à durée indéterminée est la forme normale et générale de la relation de travail (C. trav., art. L. 1221-2). Le CDI peut être écrit ou simplement verbal conformément au principe du consensualisme. L'échange des consentements suffit à consacrer le contrat de travail. La promesse d'embauche vaut contrat de travail dès lors qu'elle précise l'emploi et la date d'entrée en fonction du salarié (Cass. soc. 15 déc. 2010, n° 08-42.951). Par exception, le contrat de travail peut avoir une durée déterminée (CDD), ce qui emporte application d'un régime juridique spécial. En ce cas, un écrit est nécessaire. À défaut le CDD peut être requalifié en CDI (V. Fiche 6).

Les indispensables

- Le contrat de travail est soumis, pour sa conclusion, au Code civil et au Code du travail.
- Le droit des obligations nécessite de respecter les conditions de validité classiques : le consentement des parties, leur capacité de contracter et un contenu licite et certain.
- Le dol est rarement retenu en pratique car les obligations de renseignement et d'information de l'employeur diminuent fortement la possibilité pour le salarié de se prévaloir d'un dol. En ce sens, ne constitue pas une manœuvre dolosive la mention sur le CV d'une expérience professionnelle imprécise et susceptible d'une interprétation erronée. En principe, le mineur ne peut être embauché que s'il a atteint l'âge légal à partir duquel il n'est plus soumis à l'obligation scolaire, à savoir seize ans. Sur le contenu, l'activité entreprise ne doit pas porter atteinte à l'ordre public et aux bonnes mœurs, comme la prostitution ou le maintien de relations adultères.
- Le contrat de travail est rédigé en français, sauf pour le travailleur étranger à en demander la traduction.
- Le CDI est la forme de principe du contrat de travail, le CDD l'exception.
- Le CDI est régi par le principe du consensualisme qui veut que l'échange des consentements forme à lui seul le contrat. À cela, le CDD constitue une exception et nécessite la rédaction d'un écrit. À défaut, le CDD peut être requalifié en CDI.

Cas pratique

M. Denaba, de nationalité ougandaise, est engagé, sur recommandation de l'assistante de direction, à compter du 1er janvier 2016, par la société 2 B Industrie en qualité de technico-commercial pour le département de la Réunion. En vue de son embauche, il produit sa carte vitale. Cependant, en toute connaissance de cause, M. Denaba cache à l'employeur sa nationalité mauricienne ainsi que l'absence d'autorisation de travail dans le département de La Réunion. Le 6 décembre 2016, la préfecture informe la société 2 B Industrie que M. Denaba n'était pas autorisé à travailler dans les départements d'Outre-Mer. La société 2 B Industrie engage un contentieux en nullité du contrat de travail.

Corrigé

Un salarié étranger – non ressortissant européen – est engagé par un employeur implanté dans un DOM. Ce dernier lui a caché sa nationalité et l'absence d'autorisation de travail délivré par l'administration compétente. L'employeur peut-il obtenir la nullité du contrat de travail pour dol du salarié ? En effet, ce dernier n'a pas informé l'employeur qu'il n'avait pas d'autorisation pour travailler sur le territoire français, notamment en Outre mer.

Pour la jurisprudence, « *la fourniture de renseignements inexacts par le salarié lors de l'embauche n'est un manquement à l'obligation de loyauté susceptible d'entraîner la nullité du contrat de travail que si elle constitue un dol* » (Cass. soc. 30 mars 1999, n° 96-42912). Il a été également jugé que l'employeur, légalement tenu de s'assurer, avant son engagement, de la nationalité du salarié et de la détention par celui-ci d'une autorisation de travail sur le territoire français, ne pouvait se prévaloir d'un vice du consentement (Cass. soc., 25 sept. 2012, n° 11-19.712, inédit).

Or, en l'espèce, la société 2 B Industrie ne s'était pas renseigné sur la situation administrative de M. Denaba – notamment sur sa nationalité et sur l'obtention d'un titre de séjour assorti d'une autorisation de travail dans le département de La Réunion – et s'était contenté de la production de la carte vitale de ce dernier à l'occasion de son embauche.

Par conséquent, l'action en nullité du contrat de travail ne sera pas accueilli par le juge prud'homal.

Fiche 6

Le CDD

▶ Objectifs de la fiche

- Comprendre quelles sont les règles spécifiques applicables au contrat à durée déterminée par rapport au contrat à durée indéterminée.

Références jurisprudentielles

- Cass. soc., 16 juillet 1987, *Bull. civ. V*, n° 481.
- Cass. soc., 30 mars 2011, n° 10-10.560.
- Cass. soc., 18 juillet 2001, *RJS* 2001, n° 1264.

1. Champ d'application

Le CDD est une exception à la forme normale et générale de la relation de travail qu'est le CDI (C. trav., art. L. 1221-2). Régi par les articles L. 1241-1 et suivants du Code du travail, le CDD ne peut être conclu que pour l'exécution d'une tâche précise et temporaire (Cass. soc. 30 mars 2011, n° 10-10.560), et seulement dans les cas énoncés par la loi, notamment le remplacement du salarié dont le contrat est suspendu, l'accroissement temporaire de l'activité de l'entreprise, le caractère saisonnier des emplois à pourvoir, etc. À l'inverse, le recours au CDD est interdit notamment pour remplacer un salarié gréviste ou pour effectuer des travaux particulièrement dangereux.

2. Durée

Parfois assorti d'une période d'essai, le CDD peut, soit avoir un terme fixé avec précision, soit ne pas comporter de terme précis dans des cas limitativement énumérés (ex., remplacement d'un salarié absent). Sa durée totale ne peut pas excéder dix-huit mois compte tenu, le cas échéant, du ou des deux renouvellements possibles. Cette durée peut être réduite (neuf mois dans l'attente de l'entrée en service effective d'un salarié recruté par CDI ou en cas de réalisation de travaux de sécurité urgents) ou allongé à 24 mois (ex. : exécution du contrat à l'étranger). Entre deux CDD, un délai de carence doit être respecté.

3. Formalités

Établi par écrit, le CDD énonce le motif de son recours. À défaut, la requalification du CDD en CDI peut être demandée mais uniquement par le salarié (Cass. soc. 16 juill. 1987, *Bull. civ.* V, n° 481). En cas de contentieux, le bureau de jugement du conseil de prud'hommes statue au fond dans un délai d'un mois suivant sa saisine. S'il est fait droit à la demande du salarié, lui est versée une indemnité « de requalification » ne pouvant être inférieure à un mois de salaire.

Comportant de nombreuses mentions, le CDD est transmis au salarié, au plus tard, dans les deux jours ouvrables suivant l'embauche.

4. Rupture

Le CDD poursuivi après l'échéance de son terme devient un CDI. À l'inverse, s'il atteint l'échéance prévue, il s'éteint de plein droit ; le salarié a droit à une indemnité « de précarité » égale à 10 % de la rémunération totale brute versée au salarié.

Sauf accord des parties, le CDD ne peut être rompu avant l'échéance du terme qu'en cas de faute grave, de force majeure ou d'inaptitude constatée par le médecin du travail, ou encore en cas de conclusion d'un CDI. Sont des fautes graves de l'employeur le non-paiement du salaire (Cass. soc. 18 juill. 2001, *RJS* 2001, n° 1264) ou la non-fourniture de travail (Cass. soc. 14 janv. 2004, *RJS* 2004, n° 291). En dehors de ces cas limitativement énumérés, la rupture anticipée est illicite. La rupture anticipée à l'initiative du salarié ouvre droit pour l'employeur à des dommages et intérêts réparant le préjudice subi. À l'initiative de l'employeur, elle donne lieu au versement pour le salarié à des dommages et intérêts d'un montant au moins égal aux rémunérations qu'il aurait perçues jusqu'au terme du contrat.

Les indispensables

- Le CDD est une exception à la forme normale et générale de la relation de travail qu'est le CDI.
- Le CDD ne peut être conclu que pour l'exécution d'une tâche précise et temporaire et uniquement dans les cas énoncés par la loi.
- Le CDD ne peut pas être conclu pour remplacer un salarié gréviste ou pour effectuer des travaux particulièrement dangereux.
- Le CDD est fait l'objet d'un écrit qui énonce le motif de son recours. À défaut, le salarié peut demander devant le conseil de prud'hommes la requalification du CDD en CDI. Le cas échéant, il sera versé une indemnité « de requalification » au salarié ; cette indemnité ne peut pas être inférieure à un mois de salaire.
- Le CDD est transmis au salarié, au plus tard, dans les deux jours ouvrables suivant l'embauche.
- S'il est poursuivi après l'échéance de son terme, le CDD se transforme en CDI. En revanche, une fois l'échéance atteinte sans poursuite, il s'éteint de plein droit ; le salarié a droit à une indemnité « de précarité ».
- La rupture anticipée, c'est-à-dire avant le terme fixé, n'est admise que dans des cas limitativement énumérés, notamment, l'accord des parties, la faute grave, la force majeure ou l'inaptitude constatée par le médecin du travail. En dehors de ces cas, la rupture anticipée est sanctionnée par l'octroi de dommages et intérêts réparant le préjudice subi par l'employeur, ou le versement au salarié de dommages et intérêts d'un montant au moins égal aux rémunérations qu'il aurait perçues jusqu'au terme du contrat.

Cas pratique

Entreprise de services à domicile, la société Piétrin propose aux particuliers la prise en charge des menus travaux quotidiens comme le ménage, le repassage, etc. Elle engage régulièrement des personnes sous CDD pour des périodes allant de quelques mois à plusieurs années.
Tel est le cas de Mme Legan qui est engagée en qualité de repasseuse par cette société, par contrat à durée déterminée d'une durée de 24 mois ans, le 15 novembre 2004.
M. Routroi, quant à lui, est embauché pour une durée de 6 mois à compter du 1er juin 2016 en qualité d'assistant afin de remplacer temporairement le gestionnaire administratif de l'entreprise durant le traitement thérapeutique que ce dernier doit subir. Son contrat lui est transmis le 3 juin 2016. M. Routroi donne entière satisfaction durant toute la durée de la relation de travail, et ce, jusqu'au 1er décembre 2016.
Enfin, la société Piétrin compte dans ses rangs une autre salariée, Mme Herrian, qui a également été embauchée sous CDD, le 12 janvier 2016 pour remplacer une secrétaire le temps de son congé de maternité de 3 mois. Pourtant, il s'avère que Mme Herrian se montre très malhabile et ne remplit pas au mieux l'ensemble de ses fonctions, commettant erreur sur erreur dans ses tâches de secrétariat. Par lettre du 12 février 2006, la société Piétrin met fin au contrat en invoquant l'insuffisance professionnelle de la salariée.

Corrigé

Pour chacun des cas, une question commune se pose : le CDD a-t-il été conclu conformément aux cas de recours institués par le Code du travail ? Selon les articles L. 1241-1 et suivants du Code du travail, le CDD ne peut être conclu que pour l'exécution d'une tâche précise et temporaire (Cass. soc. 30 mars 2011, n° 10-10.560), et seulement dans les cas légaux, notamment le remplacement du salarié dont le contrat est suspendu, l'accroissement temporaire de l'activité de l'entreprise.

Pour le cas de M. Routroi et concernant Mme Herrian, tous deux remplacent un salarié absent, le premier pour maladie, le second pur cause de maternité. Par contre, pour Mme Legan, les conditions de conclusion du CDD sont incorrectes puisqu'elle a été engagée en qualité de repasseuse, ce qui correspond à un emploi permanent. En outre, la durée du CDD excède la durée normalement admise qui est de 18 mois. Mme Legan pourra, si elle le souhaite demander la requalification du CDD en CDI au conseil de prud'hommes (Cass. soc. 16 juill. 1987, *Bull. civ.* V, n° 481). En sus, il lui sera alloué une indemnité de requalification correspondant au minimum à un mois de salaire.

Enfin, se pose une question particulière au cas de Mme Herrian. Le CDD de cette dernière est rompu avant l'échéance avec pour motif une insuffisance professionnelle. Or, l'insuffisance professionnelle n'est jamais fautive. En l'absence de faute, la rupture contrevient aux dispositions de l'article L. 1243-1 du Code du travail. Par conséquent, elle pourra obtenir le paiement de dommages et intérêts d'un montant au moins égal aux rémunérations qu'il aurait perçues jusqu'au terme du contrat. En l'espèce, le CDD d'une durée de 3 mois ayant été conclu et rompu respectivement le 12 janvier et le 12 février, elle aura droit au paiement des deux mois restant à courir.

Fiche 7

Le contrat à temps partiel

▶ Les objectifs de la fiche

- Comprendre ce qu'est un contrat de travail à temps partiel et son régime juridique.

Références jurisprudentielles

- Cass. soc., 3 juin 2015, n° 13-21.671, *JCP S*, 1363, note A. Barège.
- Cass. soc., 11 mars 1998, n° 95-43.677.
- Cass. soc., 29 janvier 1997, n° 94-41.171, *Dr. soc.* p. 311, obs. F. Favennec-Héry.

1. Notion

L'article L. 3123-1 du Code du travail définit comme salarié à temps partiel celui dont la durée de travail est inférieure à un temps plein. Il s'agit des salariés dont la durée du travail est inférieure à la durée légale du travail hebdomadaire (35 heures) ou mensuelle (151,67 heures) ou annuelle (1 607 heures) ou, si elle est inférieure, à la durée du travail fixée conventionnellement pour la branche ou l'entreprise.

2. Contrat de travail

Le contrat à temps partiel est un contrat écrit (C. trav., L. 3123-6). Il doit mentionner la qualification du salarié, les éléments de rémunération, la durée hebdomadaire ou mensuelle prévue et la répartition de la durée du travail entre les jours de la semaine ou les semaines du mois, les cas dans lesquels une modification éventuelle de la répartition peut intervenir ainsi que la nature de la modification, les modalités de communication au salarié de ses horaires de travail et la quotité des heures complémentaires. A défaut le contrat est présumé à temps complet étant entendu que l'employeur peut renverser la présomption en rapportant la preuve d'une part, de la durée exacte hebdomadaire ou mensuelle convenue, d'autre part, que le salarié n'était pas placé dans l'impossibilité de prévoir à quel rythme il devait travailler et qu'il n'avait pas à se tenir constamment à la disposition de l'employeur.

Toute modification de la répartition de la durée du travail implique le respect d'un délai de prévenance de 7 jours pouvant être réduit à 3 jours par une convention ou un accord collectif. Elle doit être compatible avec les obligations familiales impérieuses du salarié, avec le suivi d'un enseignement scolaire ou supérieur, avec une période d'activité fixée chez un autre employeur ou avec une activité professionnelle non salariée (C. trav., par L. 3123-11 et s.).

3. Durée du travail

Par principe, le temps de travail du salarié à temps partiel est réparti sur la semaine ou sur le mois. Par exception, il est possible de prévoir une répartition sur une période supérieure au mois sans pouvoir excéder l'année en mettant en place un dispositif conventionnel d'aménagement du temps de travail.

Le contrat à temps partiel doit respecter une durée minimale hebdomadaire de 24 heures ou son équivalent mensuel (104 heures) ou annuel (1102 heures). Ce plancher horaire est impératif pour tout contrat à temps partiel conclu depuis le 1er juillet 2014, sauf dans des cas de dérogations limitativement énumérés (C. trav., L. 3123-7 et L. 3123-17). Pour les contrats à temps partiel conclus avant le 1er juillet 2014, le passage à la durée minimale ne peut s'imposer que si le salarié en fait la demande et si l'employeur dispose d'un emploi disponible le permettant.

4. Évolution de la durée du travail

Des heures complémentaires peuvent être imposées au salarié sous réserve du respect d'un délai de prévenance de trois jours. Les heures complémentaires ne peuvent être supérieures au dixième de la durée contractuelle ou au tiers si une convention ou un accord collectif le prévoit. Les heures complémentaires donnent lieu à majoration de salaire (C. trav., L. 3123-8). Dans des conditions strictement encadrées, il est possible d'augmenter temporairement la durée du travail par avenant (C. trav., L. 3123-22).

Les indispensables

- Est à temps partiel le salarié dont la durée du travail est inférieure à la durée légale du travail hebdomadaire (35 heures) ou mensuelle (151,67 heures) ou annuelle (1 607 heures) ou, si elle est inférieure, à la durée du travail fixée conventionnellement pour la branche ou l'entreprise.
- Le contrat à temps partiel est un contrat écrit dont le contenu est défini par l'article L. 3123-6 du Code du travail.
- En l'absence d'un écrit reprenant les mentions imposées, le contrat est présumé à temps complet.
- L'employeur peut renverser la présomption de temps complet en rapportant la preuve d'une part, de la durée exacte hebdomadaire ou mensuelle convenue, d'autre part, que le salarié n'était pas placé dans l'impossibilité de prévoir à quel rythme il devait travailler et qu'il n'avait pas à se tenir constamment à la disposition de l'employeur.
- La modification de la répartition de la durée du travail implique le respect d'un délai de prévenance et doit être compatible avec les obligations familiales impérieuses du salarié ou avec ses autres activités.
- Sauf dans des cas de dérogations limitativement énumérés, pour les contrats conclus à compter du 1er juillet 2014, le contrat à temps partiel doit respecter une durée minimale hebdomadaire de 24 heures ou son équivalent mensuel (104 heures) ou annuel (1102 heures).

Cas pratique

Le 1er janvier 1992, Monsieur LEROY a été embauché verbalement par le Baron MERLIN de la HAUTEFEUILLE pour entretenir les jardins de sa vaste propriété. À ce titre, Monsieur LEROY doit faire le tour de la propriété tous les lundis pour évaluer le travail à effectuer. Il doit ensuite consacrer tout le temps nécessaire pour que les jardins soient conformes aux attentes du Baron. Parallèlement à son emploi pour le Baron, Monsieur LEROY est titulaire de deux autres contrats à temps partiel de 6 heures chacun avec des voisins du Baron étant entendu qu'il s'est engagé à accorder une priorité à ce dernier. Souhaitant augmenter ses revenus, Monsieur LEROY a proposé ses services à un autre voisin. Aucun accord n'a néanmoins été trouvé dans la mesure où Monsieur LEROY s'est trouvé dans l'incapacité de lui préciser ses disponibilités compte tenu des exigences fluctuantes du Baron. Il tient ce dernier responsable de la situation. Il envisage alors de lui réclamer des rappels de salaire sur la base d'un temps complet. Qu'en pensez-vous ?

Corrigé

Le cas pratique conduit à s'interroger sur les conséquences du non-respect du formalisme du contrat de travail à temps partiel. Pour déterminer ces conséquences, il convient de revenir sur le formalisme puis de s'intéresser à la présomption simple de temps complet.

Le contrat de travail à temps partiel est un contrat d'exception. Par principe, un salarié est embauché sous la forme d'un contrat de travail à durée indéterminée et à temps complet. Lorsque les parties conviennent que l'embauche se fait sous la forme d'un temps partiel, un formalisme particulier s'impose. Ainsi, l'article L. 3123-6 du Code du travail impose la rédaction d'un écrit. L'instrumentum doit alors mentionner la qualification du salarié, les éléments de rémunération, la durée hebdomadaire ou mensuelle prévue et la répartition de la durée du travail entre les jours de la semaine ou les semaines du mois, les cas dans lesquels une modification éventuelle de la répartition peut intervenir ainsi que la nature de la modification, les modalités de communication au salarié de ses horaires de travail et les limites dans lesquelles peuvent être accomplies des heures complémentaires au-delà de la durée de travail fixée par le contrat. À défaut, le contrat est présumé à temps complet. En l'espèce, Monsieur LEROY a été embauché verbalement. En l'absence d'écrit, son contrat est présumé à temps complet. Mais la présomption est simple. Pour la renverser, l'employeur doit rapporter la preuve, d'une part, de la durée exacte hebdomadaire ou mensuelle convenue, d'autre part, que le salarié n'était pas placé dans l'impossibilité de prévoir à quel rythme il devait travailler et qu'il n'avait pas à se tenir constamment à la disposition de l'employeur. Ces éléments sont cumulatifs. En la matière, la preuve est libre (Cass. soc., 5 déc. 2001, n° 00-40.342). L'employeur peut ainsi apporter des plannings communiqués au salarié, des attestations, etc. Toutefois, les bulletins de paie sont, à eux seuls, insuffisants à établir que l'emploi est à temps partiel (Cass. soc., 28 juin 1994, n° 91-40.809).

En l'espèce, Monsieur LEROY a une durée de travail qui n'est pas figée. Il doit s'adapter aux exigences du Baron. Aucune durée fixe n'a été convenue entre les parties. Dès lors, le Baron ne pourra pas rapporter la preuve d'une durée exacte convenue ni que le salarié était en mesure de prévoir son rythme de travail. S'il pourra probablement apporter des éléments permettant de démontrer que le salarié ne travaille pas à temps plein et qu'il a d'autres employeurs, il n'en reste pas moins qu'il ne sera pas en mesure de renverser la présomption de temps complet. Monsieur LEROY est donc bien fondé à solliciter la requalification du contrat en un contrat à temps complet et à exiger le paiement des salaires dus sur la base d'une telle quotité.

Fiche 8

Le règlement intérieur

▶ Objectifs de la fiche

- Identifier le contenu impératif d'un règlement intérieur.
- Connaître les modalités de son élaboration et de son contrôle.

Références jurisprudentielles

- CE, 1er février 1980 : Dr Soc., 1980, p. 310.
- Cass. soc., 25 septembre 1991 : *Bull. civ. V*, n° 381.
- Cass. soc., 16 décembre 1992 : *D.* 1993, 334, note X. Prétot.

Le règlement intérieur est un « un acte réglementaire de droit privé » (Cass. soc. 25 septembre 1991 : *Bull. civ. V*, n° 381). Il est obligatoire dans les entreprises ou établissements employant habituellement au moins 20 salariés (C. trav., art. L. 1311-2).

1. Le contenu

Le règlement intérieur est un document écrit par lequel l'employeur fixe exclusivement les mesures d'application de la réglementation en matière de santé, de sécurité et de conditions de travail dans l'entreprise et les règles générales et permanentes relatives à la discipline, notamment la nature et l'échelle des sanctions (C. trav., art. L. 1321-1). Également, le règlement rappelle les dispositions relatives aux droits de la défense des salariés et celles relatives aux harcèlements moral et sexuel et aux agissements sexistes (C. trav., art. L. 1321-2). Le règlement intérieur peut contenir des dispositions inscrivant le principe de neutralité et restreignant la manifestation des convictions des salariés si ces restrictions sont justifiées par l'exercice d'autres libertés et droits fondamentaux ou par les nécessités du bon fonctionnement de l'entreprise et si elles sont proportionnées au but recherché.

Certaines dispositions sont interdites, à l'image des dispositions contraires aux lois et règlements ainsi qu'aux stipulations des conventions et accords collectifs de travail applicables dans l'entreprise, des dispositions portant atteinte aux droits des personnes et aux libertés individuelles et collectives et des dispositions discriminatoires. À titre exceptionnel, le règlement peut restreindre les droits et libertés des salariés si la restriction est justifiée par la nature de la tâche à accomplir et proportionnée au but recherché (C. trav., art. L. 1321-3 - CE, 1er février 1980 : Dr Soc., 1980, p. 310).

2. L'élaboration et le contrôle

Ce document, rédigé en français, doit être soumis pour avis au comité d'entreprise (à défaut aux délégués du personnel) et au CHSCT pour les matières relevant de sa compétence. La procédure de consultation est une formation substantielle. Il fait aussi l'objet de mesures de publicité (dépôt en deux exemplaires au secrétariat-greffe des prud'hommes et information des salariés). Le règlement entre en vigueur à la date qu'il fixe, au moins un mois après l'accomplissement des formalités de publicité (C. trav., art. L. 1321-4).

Le règlement est ensuite transmis à l'inspecteur du travail avec l'avis des représentants du personnel. Il appartient à l'inspecteur du travail de contrôler la légalité du règlement et vérifier le respect de la procédure. Il peut exiger le retrait ou la modification de certaines dispositions (C. trav., art. L. 1322-1). Un recours hiérarchique (devant le directeur régional ou le ministère) et un recours contentieux (devant le juge administratif) sont possibles.

Un contrôle par le juge judiciaire peut aussi être opéré (Cass. soc. 16 décembre 1992 : *D.* 1993, 334, note X. Prétot). Il peut prendre deux formes : le contrôle par voie d'exception (dans le cadre d'un contentieux disciplinaire) et le contrôle par voie d'action (devant le TGI). Lorsque, saisi par un salarié qui conteste une sanction, le conseil de prud'hommes écarte l'application d'une clause illégale du règlement intérieur, une copie du jugement est adressée à l'inspecteur du travail et aux représentants du personnel.

Les indispensables

- Le pouvoir normatif du chef d'entreprise se traduit par l'élaboration d'un règlement intérieur.
- Ce document s'impose dans les entreprises occupant habituellement plus de 20 salariés.
- Il est soumis à une procédure d'élaboration impliquant les représentants du personnel et l'inspection du travail.
- Une matière ne relevant pas d'un domaine visé par les textes ne peut figurer dans le règlement intérieur.
- Le contenu du règlement est soumis au contrôle de l'inspection du travail.
- Par ailleurs, le juge judiciaire a vocation à connaître du règlement intérieur dans le cadre d'un contrôle par voie d'action ou par voie d'exception.

Cas pratique

Madame Kate Chup vient de reprendre la direction d'une entreprise comptant 21 salariés. Elle découvre le règlement intérieur et s'interroge sur certaines clauses. Notamment, une clause est relative à la fixation des horaires de travail. Une autre clause répute fautes graves ou fautes lourdes des agissements susceptibles d'être perpétrés lors de l'exercice du droit de grève, telle l'occupation des locaux de travail ou l'installation de piquets de grève. Une clause interdit même les relations amoureuses entre les salariés ! Kate doute aussi de l'intérêt de citer les dispositions relatives au harcèlement au travail, redondantes avec le code du travail. Elle décide de procéder à un toilettage rapide et discret de ce document, sans en informer les représentants du personnel, d'autant qu'elle présume que la procédure obligatoire a été respectée lors de l'élaboration du document !
Elle vous questionne sur sa démarche.

Corrigé

Le cas pratique permet d'évoquer le contenu du règlement intérieur et sa procédure en cas de modification ou de retrait de certaines clauses.

1. Contenu du règlement intérieur

L'établissement d'un règlement intérieur est obligatoire dans les entreprises ou établissements employant habituellement au moins vingt salariés (art. L. 1311-2, C. trav.). Il fixe exclusivement les règles générales et permanentes relatives à la discipline (conditions de circulation dans ou en dehors de l'établissement, respect de l'horaire de travail...) et notamment, la nature et l'échelle des sanctions ; les mesures d'application de la réglementation en matière de santé, de sécurité et des conditions de travail dans l'entreprise ou l'établissement (C. trav., art. L. 1321-1). En outre, le règlement intérieur rappelle obligatoirement les dispositions relatives aux droits de la défense et celles relatives aux harcèlements ou agissements sexistes (C. trav., art. L. 1321-2). Par ailleurs, il ne peut contenir des dispositions contraires aux lois et règlements ainsi qu'aux stipulations conventionnelles applicables dans l'entreprise ; des dispositions apportant aux droits des personnes et aux libertés individuelles et collectives des restrictions qui ne seraient pas justifiées par la nature de la tâche à accomplir ni proportionnées au but recherché ou des dispositions discriminatoires (C. trav., art. L. 1321-3). Le contenu fixé par la loi est obligatoire.
Les juges ont précisé qu'une clause relative à la fixation des horaires de travail peut figurer dans un règlement intérieur bien qu'elle n'ait pas, par elle-même, un caractère disciplinaire si elle est associée à la règle selon laquelle les salariés doivent, sous peine de sanctions, se conformer aux horaires fixés par l'employeur (CE 8 juin 1988 : *JCP E*, 1988, II, 15271). Par contre, les dispositions d'un règlement intérieur qui visent des agissements susceptibles d'être perpétrés lors de l'exercice du droit de grève sont étrangères au champ d'application du règlement intérieur (CE 12 octobre 1992 : *JCP E*, 1993, I, 262). De plus, est nulle la clause du règlement intérieur interdisant le mariage entre salariés de l'entreprise (Cass. soc. 10 juin 1982 : *JCP G*, 1984, II, 20230). Une telle clause porte atteinte aux droits des personnes et libertés individuelles.
En l'espèce, la clause relative aux horaires de travail ne pose pas difficulté, à la différence de la clause relative au droit de grève et de celle portant atteinte à la vie privée du salarié.

2. La procédure en cas de retrait ou de modification des clauses

La procédure d'élaboration du règlement intérieur est prévue en l'article L. 1321-4 du code du travail. Le texte précise expressément que « ces dispositions s'appliquent également en cas de modification ou de retrait des clauses du règlement intérieur ».

Le non-respect des règles de procédure d'élaboration est puni de l'amende prévue pour les contraventions de la quatrième classe (C. trav., art. R 1323-1).
Kate Chup ne peut donc pas modifier le règlement sans respecter la procédure légale (consultation des représentants du personnel, dépôt, information des salariés et communication à l'inspecteur du travail).

Fiche 9

La discipline dans l'entreprise

▶ Objectifs de la fiche

- Maîtriser les notions de faute et de sanction disciplinaires et l'exercice par l'employeur de son pouvoir disciplinaire.

Références jurisprudentielles

- Cass. soc., 3 février 2010, *JCP S* 2010, 1140, note L. Drai.
- Cass. soc., 20 février et 17 avril 1991, Dr soc. 1991, p. 469, note A. Mazeaud.
- Cass. soc., 15 mai 1991, *Dr. soc.* 1991, p. 619, Rapport Ph. Waquet, note P. Franck.

1. La faute disciplinaire et la sanction disciplinaire

La loi ne définit pas la faute disciplinaire. Selon la doctrine, il s'agit d'un acte d'insubordination qui peut prendre deux formes. En premier lieu, le salarié ne respecte pas les règles collectives de discipline, comme par exemple l'interdiction d'entrer dans l'établissement en état d'ébriété. En second lieu, le salarié refuse volontairement d'exécuter ses obligations contractuelles. La faute disciplinaire doit être distinguée de l'insuffisance professionnelle : le salarié est incapable, mais pour des raisons indépendantes de sa volonté, de remplir ses obligations professionnelles.

L'article L. 1331-1 du Code du travail donne une définition de la sanction disciplinaire. En premier lieu, le texte parle d'une mesure prise par l'employeur autre que les observations verbales. En conséquence, une réprimande orale ne doit pas être considérée comme une sanction. En second lieu, l'article L. 1331-1 du Code du travail précise que la mesure doit être motivée par un comportement fautif du salarié. Enfin, la loi considère qu'on peut retenir la notion de sanction disciplinaire si la mesure affecte immédiatement ou non la situation du salarié dans l'entreprise, c'est-à-dire en général sa présence, sa fonction, sa carrière ou sa rémunération. Les sanctions les plus fréquentes sont : le blâme, l'avertissement, la mise à pied disciplinaire, la mutation, la rétrogradation et le licenciement pour faute. Il convient de ne pas confondre la mise à pied disciplinaire avec la mise à pied conservatoire qui n'est pas une sanction mais une mesure temporaire d'éloignement du salarié dans l'attente du prononcé de la sanction disciplinaire. Par ailleurs, on notera que la loi interdit les sanctions pécuniaires et les sanctions discriminatoires.

2. La procédure disciplinaire

L'employeur a 2 mois à compter du jour où il a connaissance du fait fautif pour engager des poursuites disciplinaires, à moins que ce fait ait donné lieu dans le même délai à l'exercice de poursuites pénales. Par ailleurs, aucune sanction antérieure de plus de trois ans à l'engagement des poursuites disciplinaires ne peut être invoquée à l'appui d'une nouvelle sanction. Enfin, l'employeur ne peut sanctionner un salarié deux fois pour les mêmes faits. Une procédure simplifiée s'applique aux sanctions qui n'affectent pas la présence du salarié dans l'entreprise, sa fonction, sa carrière ou sa rémunération. On songe notamment à l'avertissement. Une seule formalité est requise : le salarié doit être informé par écrit des griefs retenus contre lui. Une procédure renforcée s'applique lorsque l'employeur envisage de prononcer une sanction susceptible d'affecter la présence du salarié dans l'entreprise, sa fonction, sa carrière ou sa rémunération (mise à pied disciplinaire, mutation, rétrogradation). Le salarié doit être convoqué à un entretien préalable. L'employeur doit aussi notifier par écrit la sanction au salarié avec indication précise des motifs. En cas de contentieux, le conseil des prud'hommes peut annuler la sanction si elle est irrégulière, injustifiée ou disproportionnée par rapport à la faute commise.

Les indispensables

- La faute disciplinaire est un acte d'insubordination qui peut prendre 2 formes. En premier lieu, on peut se trouver en présence d'une violation d'une règle collective de discipline : on méconnaît les règles de conduite communes aux membres d'une collectivité. En second lieu, il y a mauvaise exécution volontaire par le salarié de ses obligations contractuelles.
- Selon l'article L. 1333-1 du Code du travail, « constitue une sanction disciplinaire toute mesure, autre que les observations verbales, prise par l'employeur à la suite d'un agissement du salarié considéré par l'employeur comme fautif, que cette mesure soit de nature à affecter immédiatement ou non la présence du salarié dans l'entreprise, sa carrière ou sa rémunération ».
- Il convient de ne pas confondre la mise à pied disciplinaire qui consiste à interdire au salarié de se présenter au travail pour une durée déterminée, et corrélativement, à suspendre le paiement du salaire avec la mise à pied conservatoire. Cette dernière n'est pas une sanction mais une mesure temporaire d'éloignement du salarié dans l'attente du prononcé de la sanction disciplinaire.

Cas pratique

Le 2 avril 2016, trois salariés, Édouard, Albert, et Arthur, refusent de se rendre à une réunion imposée par la direction. Le 15 avril 2016 Édouard et Albert sont convoqués à un entretien préalable. Le 20 avril 2016, Édouard reçoit un courrier lui précisant qu'il est rétrogradé en raison de son insubordination. Le même jour, Albert reçoit un courrier lui indiquant qu'il est licencié pour faute grave, son passé de syndicaliste n'est pas étranger à la sanction prononcée. Enfin, Arthur a d'abord été mis à pied de façon conservatoire pendant 4 jours puis muté dans un autre établissement de l'entreprise. L'employeur refuse de lui payer les 4 jours car il n'a pas travaillé.

Corrigé

Ce cas nous conduit tout d'abord à revenir sur la procédure disciplinaire. L'employeur a deux mois à compter du jour où il a connaissance du fait fautif pour engager des poursuites disciplinaires, Ce délai a bien été respecté à l'égard d'Édouard et d'Albert. Par « engagement des poursuites disciplinaires », il faut en effet entendre l'envoi de la convocation à l'entretien préalable pour les sanctions soumises à la procédure renforcée. On rappellera que cette procédure s'applique lorsque l'employeur envisage de prononcer une sanction susceptible d'avoir une incidence sur la présence du salarié dans l'entreprise, sa fonction, sa carrière ou sa rémunération. Par ailleurs, en vertu de l'article L. 1332-2 du Code du travail, la sanction ne peut intervenir moins de 2 jours ouvrables ni plus d'un moins après le jour fixé pour l'entretien. En l'espèce, ce texte a été également respecté.

Arthur a d'abord été mis à pied conservatoire puis rétrogradé. La mise à pied conservatoire n'est pas une sanction mais une mesure temporaire de suspension immédiate du contrat de l'employeur. L'employeur envisage de prononcer une sanction disciplinaire mais il ne souhaite pas que l'intéressé demeure dans l'entreprise pendant le déroulement de la procédure. L'article L. 1332-3 du Code du travail précise que les agissements du salarié doivent rendre indispensable sa mise à l'écart. Il n'est pas certain qu'une telle exigence soit caractérisée dans notre affaire.

Faut-il rémunérer la mise à payer conservatoire ? L'employeur répond non car le salarié n'a exercé aucune prestation pendant 4 jours. Mais cette analyse engendre une difficulté : une même faute ne peut être sanctionnée deux fois et la privation de salaire peut être analysée comme le prononcé d'une première sanction. C'est pourquoi, la Cour de cassation considère que, sauf en cas de licenciement pour faute grave ou lourde, la mise à pied conservatoire doit toujours être rémunérée (Cass. soc., 26 nov. 1987, *Bull. civ. V*, n° 686). Dans notre cas pratique, comme la mise à pied conservatoire a été suivie d'une mutation, elle devait être rémunérée.

Notre affaire soulève une dernière question : peut-on sanctionner différemment les auteurs d'une même faute ? Peut-on considérer qu'il y a discrimination de la part de l'employeur s'il applique des sanctions différentes aux auteurs d'une même faute ? La Cour de cassation répond de façon négative à l'interrogation en considérant que s'il est interdit à l'employeur, à peine de nullité de la mesure, de pratiquer une discrimination, il lui est permis, dans l'exercice de son pouvoir d'individualisation des mesures disciplinaires et dans l'intérêt de l'entreprise, de sanctionner différemment des salariés qui ont participé à une même faute. La solution est justifiée en raison du principe de la personnalité des peines qui permet de sanctionner différemment les coauteurs d'un même délit. Le chef d'entreprise peut ainsi tenir compte de l'ancienneté, de la position hiérarchique ou encore de l'état de récidive pour sanctionner différemment les auteurs d'une même faute. En revanche, il ne peut pas s'appuyer, comme en l'espèce, sur l'activité syndicale du salarié. On se trouve en présence d'un motif discriminatoire et, en conséquence, le licenciement d'Albert doit être annulé.

Fiche 10

La maladie du salarié

▶ Objectifs de la fiche

- Présenter les obligations du salarié malade ainsi que la question de la rupture du contrat de travail en raison de l'état de santé.

Références jurisprudentielles

- Cass. soc., 16 juin 1998, Dr soc. 1998, Dr soc. 1998, p. 1 000, note J. Savatier.
- Cass. soc., 16 juill. 1998, *RJS* 1998, n° 1200.
- Cass. soc., 10 nov. 2004, *RJS* 2004, n° 30.

1. Les obligations du salarié

Lorsqu'un salarié est dans l'incapacité de travailler en raison d'une maladie ou d'un accident, il doit informer l'entreprise de son absence et en justifier le bien-fondé par la production d'un certificat médical dans un bref délai. À partir de là, le contrat de travail est suspendu : le salarié est dispensé de fournir sa prestation de travail ; il retrouve sa vie personnelle. Il est libre de faire ce qu'il veut dès lors que son activité n'est pas incompatible avec son obligation de loyauté. Ainsi, le salarié ne peut pas accomplir des actes de concurrence.

2. La rupture du contrat de travail en cas de maladie de droit commun

La loi interdit les discriminations en raison de l'état de santé ou du handicap. En conséquence, un licenciement fondé sur de tels motifs doit être annulé. Mais si la maladie ou le handicap ne peuvent légitimer un licenciement, il en va autrement des conséquences de la maladie et de l'état de santé sur l'activité professionnelle du salarié. La cause du licenciement doit être recherchée non pas dans la maladie elle-même mais dans la désorganisation de l'entreprise. Toutefois, la Cour de cassation subordonne la licéité du licenciement au respect de deux conditions. En premier lieu, l'employeur doit démontrer que la maladie perturbe le bon fonctionnement de l'entreprise. Il en va ainsi en cas de maladie prolongée ou encore d'absences répétées ; l'employeur ne pouvant compter sur une collaboration régulière. Mais il est difficile de démontrer la désorganisation de l'entreprise si le travail peut être facilement réparti entre les autres salariés ou s'il est possible de remplacer le salarié absent en ayant recours à un contrat à durée déterminée. En second lieu, l'employeur doit aussi prouver la nécessité de remplacer définitivement le salarié, ce qui emporte nécessairement la conclusion d'un contrat à durée indéterminée.

3. La rupture du contrat de travail en cas d'accident du travail ou de maladie professionnelle

Le contrat de travail du salarié victime d'un accident du travail ou d'une maladie professionnelle est suspendu pendant la durée de l'arrêt de travail provoqué par l'accident ou la maladie. Il est également suspendu jusqu'à la réadaptation complète de l'intéressé. Pendant la période de suspension, le licenciement est interdit sauf en cas de faute grave de l'intéressé ou d'impossibilité de maintenir le contrat pour un motif étranger à la maladie ou à l'accident. Le licenciement en violation des dispositions protectrices est frappé de nullité. À l'issue de la période de suspension, si le salarié est déclaré apte par le médecin du travail, il doit retrouver son emploi ou un emploi similaire. Sinon, une obligation de reclassement pèse sur l'employeur.

Les indispensables

- Lorsqu'un salarié est dans l'incapacité de travailler en raison d'une maladie, il doit informer l'entreprise de son absence et en justifier le bien-fondé par la production d'un certificat médical.
- Une obligation de loyauté s'impose au salarié, même lorsque son contrat est suspendu.
- Le licenciement d'un salarié en raison de son état de santé ou de son handicap constitue une discrimination.
- Lorsque la maladie perturbe le bon fonctionnement de l'entreprise et que l'employeur est dans la nécessité de remplacer définitivement le salarié, il peut rompre son contrat de travail.

Cas pratique

Monsieur Fourchaume qui dirige une société de vente par correspondance doit gérer les absences pour maladie de plusieurs salariés. Il y a tout d'abord, Julien qui est en arrêt de travail depuis trois mois. Or, il y a quelques jours, ses collègues de travail ont reçu une carte postale, expédiée depuis la Pologne. Julien précise qu'il passe d'agréables vacances dans ce pays. L'employeur décide de le licencier pour faute grave. Un même sort a été réservé à Serge, qui est en arrêt de travail depuis deux mois. Monsieur Fourchaume l'a rencontré il y a 8 jours alors qu'il tenait un stand sur une brocante. Enfin, l'employeur décide de se séparer de Pauline, couturière depuis 10 ans dans son établissement. Celle-ci désorganise son service depuis plusieurs mois en raison de ses nombreux arrêts de travail.

Corrigé

Lorsqu'un salarié est dans l'incapacité de travailler en raison de son état de santé, son contrat de travail est suspendu. Le salarié retrouve sa vie personnelle : il est libre de faire ce qu'il veut dès lors que son activité n'est pas incompatible avec son obligation de loyauté. En conséquence, Julien peut tout à fait effectuer un voyage touristique en Pologne pendant une période d'arrêt de travail médicalement justifiée. Puisque son contrat de travail est suspendu, les faits qui lui sont reprochés ne constituent pas un manquement à ses obligations contractuelles. En revanche, parce que les heures de sorties en dehors du domicile sont réduites, ce salarié ne respecte pas ses obligations vis-à-vis de la Sécurité Sociale. Mais l'employeur n'est pas chargé de faire appliquer le droit de la sécurité sociale. En conséquence son licenciement est sans cause réelle et sérieuse.

Un même raisonnement permet de comprendre pourquoi le licenciement de Serge est également injustifié : il retrouve sa vie personnelle en cas de suspension du contrat. Certes, son obligation de loyauté n'est pas affectée par l'inexécution de sa prestation de travail. Mais l'exercice d'une activité pendant un arrêt de travail ne constitue pas forcément un manquement à l'obligation de loyauté. Lorsque l'activité exercée constitue un acte de concurrence, la déloyauté est caractérisée. En revanche, tenir un stand sur une brocante ou exercer une activité présentant un caractère bénévole ne sont pas des actes permettant de retenir la déloyauté.

S'agissant enfin du licenciement de Pauline, on sait qu'il est interdit de rompre le contrat de travail en raison de l'état de santé. Un tel licenciement serait frappé de nullité en raison de son caractère discriminatoire. En revanche, si la maladie perturbe le bon fonctionnement de l'entreprise, l'employeur peut décider de se séparer de son salarié. Mais dans ce cas, deux conditions doivent être réunies. En premier lieu, l'employeur doit prouver que son entreprise est désorganisée par la maladie prolongée ou les absences répétées de son salarié. En l'espèce, on peut penser que les absences répétées de Pauline gênent le fonctionnement de l'entreprise. Toutefois, le licenciement n'est possible que si l'entreprise est désorganisée. L'employeur ne pouvait-il pas répartir provisoirement sa tâche sur les autres salariés de l'entreprise. Il serait intéressant de connaître le nombre de salariés travaillant au sein de cet établissement. Le recours à un contrat à durée déterminée semble en revanche difficile en raison des absences très irrégulières. En second lieu, pour avoir le droit de licencier, l'employeur doit également établir la nécessité de remplacer définitivement la salariée. En d'autres termes, l'employeur doit embaucher un nouveau salarié dans le cadre d'un contrat à durée indéterminée. Et ce remplacement doit intervenir dans un délai raisonnable après le licenciement. Le caractère raisonnable du délai est apprécié souverainement par les juges du fond qui doivent s'appuyer sur 3 critères : les spécificités de l'entreprise, l'emploi concerné et les démarches faites par l'employeur en vue du recrutement (Cass. soc. 10 nov. 2004 : *RJS* 2005, n° 30).

Fiche 11

L'inaptitude médicalement constatée du salarié

▶ Les objectifs de la fiche

- Comprendre ce qu'est l'inaptitude médicalement constatée du salarié.
- Connaître les obligations de l'employeur et du salarié en présence d'une déclaration d'inaptitude.

Références jurisprudentielles

- Cass. soc., 8 avr. 2010, n° 09-40.975 : *Bull. civ. V*, n° 95 ; *JCP S*, act. 229.
- Cass. soc., 10 mai 2005, n° 03-43.134.
- Cass. soc., 16 juin 1998, n° 96-41.877 : *Bull. civ. V*, n° 322 ; *RJS*, n° 975.

1. Constatation de l'inaptitude

L'inaptitude est appréciée par le médecin du travail et non par le médecin traitant. Elle est prononcée lorsque le médecin du travail constate qu'aucune mesure d'aménagement, d'adaptation ou de transformation du poste de travail occupé n'est possible et que l'état de santé du travailleur justifie un changement de poste. Elle est nécessairement précédée d'une étude de poste et d'un échange entre le médecin du travail et le salarié et d'un échange entre le médecin du travail et l'employeur. L'avis d'inaptitude est éclairé par des conclusions écrites, assorties d'indications relatives au reclassement du travailleur (C. trav., art. L. 4624-4). Si le salarié ou l'employeur conteste la décision du médecin du travail ayant conclu à l'inaptitude ou à l'absence d'inaptitude ou les conclusions et indications relatives au reclassement, il peut saisir la formation des référés du conseil de prud'hommes d'une demande de désignation d'un médecin-expert (C. trav., art. L. 4626-7).

2. Obligation de reclassement

En présence d'un salarié déclaré inapte, l'employeur est tenu de mettre en place des démarches précises pour parvenir au reclassement. Ainsi, l'employeur doit, après avis des délégués du personnel s'ils existent, proposer au salarié un emploi approprié à ses capacités, compte tenu des conclusions écrites du médecin du travail et des indications qu'il formule sur l'aptitude du salarié à exercer l'une des tâches existantes et disponibles dans l'entreprise ou à suivre une formation. L'emploi de reclassement doit être aussi comparable que possible à l'emploi précédemment occupé, au besoin par la mise en œuvre de mesures telles que mutation, transformation de poste ou aménagement du temps de travail. La recherche des possibilités de reclassement doit s'effectuer prioritairement dans l'entreprise puis parmi les entreprises dont les activités, l'organisation ou le lieu d'exploitation leur permettent d'effectuer la permutation de tout ou partie du personnel. Si l'employeur est dans l'impossibilité de proposer un autre emploi au salarié, il doit lui faire connaître par écrit les motifs qui s'opposent au reclassement. Par ailleurs, le contrat de travail ne peut être rompu que si l'employeur justifie du refus de l'emploi proposé au salarié, de son impossibilité de proposer un emploi ou du fait que tout maintien du salarié dans l'emploi serait gravement préjudiciable à sa santé ou que l'état de santé du salarié fait obstacle à tout reclassement.

Faute pour l'employeur de respecter son obligation de reclassement, le licenciement est sans cause réelle et sérieuse. Les conséquences indemnitaires sont spécifiques lorsque l'inaptitude est d'origine professionnelle *(V. C. Trav., L. 1226-15).*

3. Rupture du contrat de travail

Si le reclassement du salarié inapte ne peut intervenir la rupture du contrat de travail peut être mise en œuvre, soit par le licenciement si le salarié est titulaire d'un contrat de travail à durée indéterminée, soit par une rupture anticipée du contrat si le salarié est titulaire d'un contrat à durée déterminée.

4. Reprise du paiement des salaires

Si le salarié n'est ni reclassé ni licencié dans le délai d'un mois à compter du moment où l'inaptitude est définitivement acquise, l'employeur doit reprendre le paiement du salaire à un niveau équivalent à celui qui était versé avant la suspension du contrat de travail.

Les indispensables

- L'inaptitude est appréciée par le médecin du travail et non par le médecin traitant..
- L'inaptitude est prononcée lorsque le médecin du travail constate qu'aucune mesure d'aménagement, d'adaptation ou de transformation du poste de travail occupé n'est possible et que l'état de santé du travailleur justifie un changement de poste. Elle est nécessairement précédée d'une étude de poste et d'un échange entre le médecin du travail et le salarié et d'un échange entre le médecin du travail et l'employeur.
- En présence d'un salarié déclaré inapte, l'employeur est tenu de mettre en place des démarches précises pour parvenir au reclassement.
- Si le reclassement du salarié inapte est impossible, l'employeur peut rompre le contrat de travail.
- Si le salarié n'est ni reclassé ni licencié dans le délai d'un mois à compter du moment où l'inaptitude est définitivement acquise, l'employeur doit reprendre le paiement du salaire.

Cas pratique

La société CROSS MARKET exploite cinq supermarchés avec le concours de 360 salariés. Monsieur LEDOU a été embauché en contrat à durée indéterminée en tant que chef de rayon frais. Il travaillait 35 heures par semaine et bénéficiait d'une rémunération fixe accompagnée d'une rémunération variable équivalente à 1 % du chiffre d'affaires du rayon frais du magasin au sein duquel il était affecté. Après plusieurs mois d'arrêt de travail, le médecin du travail l'a déclaré « inapte au poste de chef de rayon ; peut occuper un poste ne nécessitant pas de station debout prolongée » il y a trois mois après une étude de poste et un échange avec l'employeur et Monsieur LEDOU. Considérant qu'aucun poste de chef de rayon n'était disponible et qu'il n'avait pas à lui proposer le seul emploi disponible, à savoir un emploi d'hôte de caisse, l'employeur vient de le licencier. Que pensez-vous de la situation ?

Corrigé

Le cas pratique conduit à s'interroger sur le régime juridique de l'inaptitude. Il convient de revenir sur la constatation de l'inaptitude et les obligations de l'employeur.

L'inaptitude médicalement constatée est prononcée par le médecin du travail lorsqu'il constate qu'aucune mesure d'aménagement, d'adaptation ou de transformation du poste de travail occupé n'est possible et que l'état de santé du travailleur justifie un changement de poste. Elle est nécessairement précédée d'une étude de poste et d'un échange entre le médecin du travail et le salarié et d'un échange entre le médecin du travail et l'employeur (C. Trav., art. L. 4624-4). En l'espèce, Monsieur LEDOU a été déclaré inapte par le médecin du travail dans les conditions de l'article L. 4624-4 du Code du travail. L'inaptitude est donc acquise. En présence d'une déclaration d'inaptitude, l'employeur est tenu de mettre en place des démarches précises pour parvenir au reclassement. À ce titre, en fonction des postes disponibles dans l'entreprise ou, le cas échéant, dans les entreprises dont les activités, l'organisation ou le lieu d'exploitation lui permettent d'effectuer la permutation de tout ou partie du personnel, l'employeur doit, après avis des délégués du personnel s'ils existent, proposer au salarié un emploi approprié à ses capacités, compte tenu des conclusions écrites du médecin du travail et des indications qu'il formule sur l'aptitude du salarié (C. Trav., L. 1226-2). Ce n'est que si le reclassement est réellement impossible que l'employeur peut rompre le contrat de travail. Si le salarié n'est ni reclassé ni licencié dans le délai d'un mois à compter du moment où l'inaptitude est définitivement acquise, l'employeur doit reprendre le paiement du salaire (C. trav., L. 1226-4). En l'espèce, Monsieur LEDOU n'a pas été reclassé ni licencié à l'issue du délai d'un mois à compter du deuxième examen médical qui fixe la date à laquelle l'inaptitude était définitivement acquise. Son licenciement n'est intervenu que trois mois après la constatation de l'inaptitude. Il peut donc prétendre à un rappel de salaire équivalent à deux mois de salaire sur la base de la rémunération qu'il percevait avant son arrêt de travail, soit la rémunération fixe et la rémunération variable. Par ailleurs, l'employeur ne lui a pas proposé le poste d'hôte de caisse qui était disponible et qui était compatible avec les conclusions du médecin du travail puisqu'il n'impliquait pas de station debout prolongée. En conséquence, l'employeur n'a pas respecté son obligation de reclassement. Le licenciement est donc sans cause réelle et sérieuse.

Fiche 12

La maternité

▶ Objectifs de la fiche

- Connaître les garanties principales dont bénéficient les femmes enceintes dans le code du travail.
- Comprendre le dispositif spécifique de protection contre le licenciement.

Références jurisprudentielles

- Cass. soc., 30 avril 2003, n° 00-44.811, *Bull. civ. V*, n° 152.
- Cass. soc., 17 février 2010, n° 06-41.392, *Bull. civ. V*, n° 49.
- Cass. soc., 15 septembre 2010 : *JCP S*, 2011, 1005.

La salariée enceinte, ou ayant accouché, bénéficie de dispositions protectrices au moment de son embauche et pendant son contrat de travail.

1. Les garanties dont bénéficient les salariées enceintes

Le code du travail consacre un droit au silence de la femme enceinte (ou salariée bénéficiant d'une assistance médicale à la procréation (C. trav., art. L. 1225-3-1). Une femme n'est pas tenue de révéler sa grossesse, sauf lorsqu'elle demande le bénéfice des dispositions légales relatives à la protection de la femme enceinte (C. trav., art. L. 1225-2). De plus, sous peine de discrimination, l'employeur ne peut prendre en considération cet état pour prononcer une mutation (mais un changement provisoire d'affectation peut être envisagé en raison de l'état de santé) ou pour rompre sa période d'essai (C. trav., art. L. 1225-3-1).

La salariée bénéficie d'autorisations d'absence, sans baisse de rémunération, pour se rendre aux examens médicaux obligatoires. Le conjoint bénéficie aussi de certains aménagements (C. trav., art. L. 1225-16).

La loi prévoit que la salariée enceinte peut changer temporairement de poste sur sa demande ou sur proposition de l'employeur (C. trav., art. L. 1225-7) ou en cas de travail de nuit habituel (C. trav., art. L. 1225-9, et s.) ou d'exposition à des risques particuliers (C. trav., art. L. 1225-12 et s.).

Enfin, la salariée peut bénéficier d'un congé de maternité pendant une période qui commence six semaines avant la date présumée de l'accouchement et se termine dix semaines après la date de celui-ci (C. trav., art. L. 1225-17). Ces durées peuvent être modulées dans certains cas. L'article L. 1225-29 pose toutefois une interdiction absolue de travail pendant les 8 semaines qui entourent l'accouchement dont 6 semaines après l'accouchement.

2. La protection contre le licenciement

Une période de protection relative commence à courir le jour où l'état de grossesse est médicalement constaté et prend fin dix semaines après le congé de maternité ou après les congés payés pris immédiatement après le congé de maternité. Pendant cette période, le licenciement n'est justifié que si l'employeur justifie d'une faute grave de l'intéressée, non liée à l'état de grossesse, ou de son impossibilité de maintenir ce contrat pour un motif étranger à la grossesse ou à l'accouchement. Pendant le congé de maternité, la salariée bénéficie d'une protection absolue (même en cas de faute grave ou impossibilité de maintenir le contrat). Ainsi, le licenciement ne peut ni être notifié à la salariée pendant les périodes de suspension susvisées, ni prendre effet pendant ces périodes (C. trav., art. L. 1225-4). Le non-respect des dispositions entraîne notamment la nullité du licenciement et la réintégration de droit de la salariée.

Sauf exceptions, le licenciement d'une salariée est annulé lorsque, dans un délai de quinze jours à compter de sa notification, l'intéressée envoie à son employeur un certificat médical justifiant qu'elle est enceinte (C. trav., art. L. 1225-5). Une protection contre le licenciement est aussi prévue au profit du salarié père de famille (C. trav., art. L. 1225-4-1).

Les indispensables

- Tant la femme enceinte que celle qui vient d'accoucher sont protégées par le droit du travail.
- La salariée bénéficiant d'une assistance médicale à la procréation fait également l'objet de mesures protectrices (loi n° 2016-41 du 26 janvier 2016 de modernisation de notre système de santé) tout comme le père de famille (loi n° 2014-873 du 4 août 2014 pour l'égalité réelle entre les femmes et les hommes).
- Des garanties diverses sont offertes pendant la grossesse : protection contre la discrimination, droit au silence, autorisations d'absences, aménagement de postes, suspension du contrat de travail, etc.
- Une protection spécifique contre le licenciement est prévue.

Cas pratique

Madame Camille Onette a donné naissance à une charmante petite fille il y a plusieurs semaines. Le premier jour de son retour dans l'entreprise, sitôt le congé maternité terminé, elle se voit notifier son licenciement. Elle n'est pas forcément étonnée car elle avait été convoquée à entretien préalable à licenciement dans les derniers jours de son congé. Outre sa stupeur d'avoir ainsi été sollicitée pendant la période de suspension de son contrat de travail, elle s'interroge sur la validité et les effets de son licenciement. En effet, elle est « officiellement » licenciée pour insuffisance professionnelle (motif mentionné sur la lettre de licenciement). En réalité, son employeur n'a pas accepté qu'elle soit enceinte quelques mois à peine après avoir été recrutée dans l'entreprise !

Corrigé

Le cas pratique évoque la question de la protection contre le licenciement de la femme venant d'accoucher.

1. La validité du licenciement

Aucun employeur ne peut rompre le contrat de travail d'une salariée lorsqu'elle est en état de grossesse médicalement constaté, pendant l'intégralité des périodes de suspension du contrat de travail auxquelles elle a droit au titre du congé de maternité, qu'elle use ou non de ce droit, et au titre des congés payés pris immédiatement après le congé de maternité ainsi que pendant les dix semaines suivant l'expiration de ces périodes. Toutefois, l'employeur peut rompre le contrat s'il justifie d'une faute grave de l'intéressée, non liée à l'état de grossesse, ou de son impossibilité de maintenir ce contrat pour un motif étranger à la grossesse ou à l'accouchement. Dans ce cas, la rupture du contrat de travail ne peut prendre effet ou être notifiée pendant les périodes de suspension du contrat de travail mentionnées au premier alinéa (C. trav., art. L 1225-4). Les dix semaines suivant le congé de maternité sont donc soumises à la protection relative (Cass. soc., 17 février 2010, n° 06-41.392, *Bull. civ. V*, n° 49).

Si le licenciement ne peut être signifié pendant la période de suspension, l'employeur peut convoquer la salariée à un entretien préalable. Rien n'interdit à l'employeur d'engager la procédure pendant la période de protection absolue (Cass. soc., 28 juin 1995, n° 92-40.136). Par contre, les actes préparatoires au licenciement sont interdits (Cass. soc. 15 septembre 2010 : *JCP S*, 2011, 1005).

De plus, conformément à l'article L 1132-1 du Code du travail, l'employeur ne peut pas prendre de mesure particulière à l'encontre d'une femme en raison de son état de grossesse ou de sa situation de famille. En cas de litige, l'employeur est tenu de communiquer au juge tous les éléments de nature à justifier sa décision. Si un doute subsiste, il profite à la salariée enceinte (C. trav., art. L 1225-3).

En l'espèce, si l'employeur pouvait convoquer Camille à un entretien préalable à licenciement pendant le congé maternité, le licenciement n'est pas valable pour autant. En effet, l'insuffisance professionnelle n'est pas un motif justifiant la rupture du contrat de travail pendant la période de protection relative.

2. Les conséquences du licenciement

Est nul le licenciement d'une salariée prononcé en raison de sa grossesse (et non justifié par une faute grave non liée à la grossesse ou de l'impossibilité de maintenir le contrat de travail). Cette nullité est affirmée dès lors qu'il est constaté que la lettre de licenciement ne mentionne pas l'un des motifs exigés par l'article L. 1225-5 du Code du travail (Cass. soc. 21 janvier 2009 : *RJS*, 4/09, n° 339). Lorsque le licenciement est nul, le salarié a droit à réintégration dans son emploi, ou à défaut, dans un emploi équivalent (Cass. soc., 30 avr. 2003, n° 00-44.811 : *Bull. civ. V*, n° 152). Le montant des indemnités versées à la salariée dépend de sa réintégration ou non. En l'espèce, Camille peut invoquer la nullité de son licenciement et demander, si elle le souhaite, la réintégration dans son emploi ou dans un emploi équivalent.

Fiche 13

Le transfert d'entreprise

▶ Objectifs de la fiche

- Comprendre à quelles circonstances correspond un transfert d'entreprise et quelles sont ces conséquences sur le contrat de travail.

Références jurisprudentielles

- Cass. soc., 16 janvier 1990, n° 88-40.054, *Bull. civ. V*, n° 11.
- Cass. soc., 7 juillet 1998, n° 08-40.393.
- Cass. soc., 17 juin 2009, *Bull. civ. V*, n° 151.

Selon l'article L. 1224-1 du Code du travail, le transfert d'entreprise correspond à la modification de la situation juridique de l'employeur qui entraîne la continuation des contrats de travail.

1. Conditions

Tout d'abord, une entité économique doit être transférée. Une entité économique est un « *ensemble organisé de personnes et d'éléments corporels ou incorporels permettant l'exercice d'une activité économique qui poursuit un objectif propre* » (Cass. soc. 7 juill. 1998, n° 08-40.393), ce qui diffère légèrement du droit européen (Dir. du 12 mars 2001, art. 1.1 b). Un marché ne constitue pas une entité économique. Dès lors, le changement de prestataires de services ne donne pas lieu à l'application de l'article L. 1224-1 du Code du travail. Il en est ainsi pour une activité de nettoyage (Cass. soc. 26 sept. 1990, n° 87-40.518) ou de collecte de déchets hospitaliers (Cass. soc., 8 mars 2005, n° 02-45.114).

Cette entité doit conserver son identité : la même activité ou une activité similaire doit être maintenue au moment du transfert (Cass. soc. 17 juin 2009, *Bull. civ. V*, n° 151), sans que celle-ci perdure après l'opération de transfert (Cass. soc. 10 juill. 2007, n° 06-40.406).

Ensuite, le transfert survient dans les cas énoncés : la succession ; la vente ; la fusion ; la transformation du fonds ; la mise en société. Cette liste n'est pas limitative à cause de l'adverbe « notamment ». La forme juridique du transfert importe peu. Il peut s'agir de « *tout transfert d'une entité économique autonome conservant son identité et dont l'activité est poursuivie ou reprise* » (Ass. plén., 16 mars 1990, n° 89-45.730 et n° 86-40.686). Dès lors, constitue un transfert notamment la reprise d'un bail, la location-gérance d'un fonds de commerce, la concession d'activité ou encore la reprise en gestion directe par une collectivité, ce qui fait l'objet de règles spécifiques (C. trav., art. L. 1224-3 et L. 1224-3-1). À l'inverse, ne manifeste pas un transfert la prise de participation (Cass. soc. 22 janv. 2002, *Bull. civ. V*, n° 24), la cession d'actions (Cass. soc. 17 oct. 2000, n° 98-45.142) ou encore la prise de contrôle du capital social (Cass. soc. 12 déc. 1990, n° 87-41.177), la seule perte de marché, dans la mesure où il n'y a pas de passation de pouvoirs.

En outre, un lien de droit entre les employeurs successifs n'est pas une condition requise (Ass. plén., 16 mars 1990, préc.).

2. Effets

Sauf procédure de sauvegarde, de redressement ou de liquidation judiciaire, les contrats de travail sont maintenus à l'égard du nouvel employeur de plein droit (Cass. soc. 16 janv. 1990, n° 88-40.054, *Bull. civ. V*, n° 11). L'employeur ne peut pas modifier les contrats de travail. Le salarié ne peut pas refuser le transfert (Cass. soc. 26 mai 1998, *Bull. civ. V*, n° 275), la rupture lui étant alors imputable (Cass. soc. 5 nov. 1987, *Bull. civ. V*, n° 616).

De plus, le nouvel employeur est tenu des dettes que l'ancien employeur avait à l'égard des salariés, sous réserve qu'il y ait une convention entre les deux (C. trav., art. L. 1224-2).

Les indispensables

- L'article L. 1224-1 du Code du travail requiert la réunion de plusieurs conditions.
- Il convient d'être en présence d'une entité économique qui se définit comme un « ensemble organisé de personnes et d'éléments corporels ou incorporels permettant l'exercice d'une activité économique qui poursuit un objectif propre ». Le changement de prestataires de services sur un marché ne donne pas lieu à l'application de l'article L. 1224-1 du Code du travail. Cette entité doit conserver son identité ce qui implique que la même activité ou une activité similaire doit être maintenue au moment de l'opération de transfert, sans qu'il soit nécessaire que cette activité perdure après celle-ci.
- Puis, l'entité doit être transférée, c'est-à-dire dans les cas formulés à l'article L. 1224-1 du Code du travail, à savoir la succession ; la vente ; la fusion ; la transformation du fonds ; la mise en société. Cependant, cette liste n'est pas limitative, la forme juridique du transfert étant indifférente. Il doit y avoir une passation de pouvoirs entre les employeurs successifs. En outre, un lien de droit entre les employeurs successifs n'est pas une condition requise.
- Une fois les conditions réunies, le transfert emporte la poursuite des contrats de travail à l'égard du nouvel employeur. La continuation des contrats de travail a lieu automatiquement, c'est-à-dire sans qu'un acte de volonté soit nécessaire. De plus, le nouvel employeur est tenu des dettes que l'ancien employeur avait à l'égard des salariés, sous réserve qu'il y ait une convention entre les deux.

Cas pratique

En 2014, M. Temalut, entre au service de la société Contreplaké spécialisée dans la gestion de résidences de loisirs. Il est alors responsable administratif et comptable. En juin 2016, la société Contreplaké fait l'objet d'une prise de participation de la part de la société « Paul et Loisirs ». Par crainte d'une mauvaise influence sur la culture d'entreprise et le rendement imposé par la société « Paul et Loisirs », M. Temalut fait savoir à qui veut l'entendre qu'il refuse ce changement. Devenu plus négligent quant à ses fonctions, M. Temalut est rétrogradé sur un poste exécutif en comptabilité par la société Pierre et Vacances. Puis, il est licencié le 15 juin 2016 par la société Pierre et Vacances pour faute grave, en raison d'un abandon de poste.

Corrigé

Pour identifier le véritable employeur du salarié, il convient de vérifier la réunion des conditions posées par l'article L. 1224-1 du Code du travail.
Tout d'abord, une entité économique doit être transférée. Une entité économique est un « ensemble organisé de personnes et d'éléments corporels ou incorporels permettant l'exercice d'une activité économique qui poursuit un objectif propre » (Cass. soc. 7 juill. 1998, n° 08-40.393). À cet égard, l'entreprise Contreplaké constitue une entité économique dédiée à la gestion de résidences de loisirs.
Ensuite, le transfert survient dans les cas énoncés : la succession ; la vente ; la fusion ; la transformation du fonds ; la mise en société. En revanche, selon une jurisprudence bien établie, ne manifeste pas un transfert la prise de participation (Cass. soc. 22 janv. 2002, *Bull. civ.* V, n° 24). Or, la société « Paul et Loisirs » a procédé à ce montage juridique vis-à-vis de la société Contreplaké. Par conséquent, aucun transfert n'a eu lieu de la société « Paul et Loisirs » vers la société Contreplaké. Les prérogatives de l'employeur continuent alors à être exercées par la société Contreplaké et non par la société « Paul et Loisirs ». Par conséquent, la rétrogradation et le licenciement ne relèvent pas de la compétence de cette dernière.

Fiche 14

La révision du contrat de travail

▶ Objectifs de la fiche

- Savoir distinguer la modification du contrat de travail du simple changement des conditions de travail et connaître leur régime juridique.

Références jurisprudentielles

- Cass. soc., 8 oct. 1987, n° 84-41.902; *Bull. civ. V*, n° 541.
- Cass. soc., 10 juill. 1996, n° 93-41.137 et n° 93-40.966; *RJS*, p. 793, note Ph. Waquet.
- Cass. soc., 23 févr. 2005, n° 03-42.018; *RJS*, n° 477, 1re esp.

1. Notions de modification du contrat et de changement des conditions de travail

La jurisprudence opère une distinction entre la modification du contrat et le simple changement des conditions de travail. La mesure qui affecte un ou plusieurs éléments essentiels ou déterminants du contrat de travail correspond à une modification du contrat. L'évolution d'un élément non déterminant du contrat relève du pouvoir de direction de l'employeur et constitue un simple changement des conditions de travail. Sous certaines conditions, le salarié peut néanmoins accepter par avance l'évolution de certains éléments contractuels (Voir 3.).

2. Éléments essentiels ou déterminants du contrat

Au fil de ses décisions, la Cour de cassation a défini les éléments essentiels ou déterminants du contrat de travail qui impliquent l'accord du salarié pour pouvoir être modifiés. Sous réserve des précisions apportées par le législateur ou la jurisprudence, il s'agit:

- de la rémunération ou son mode de calcul;
- du temps de travail;

- du lieu de travail lorsque le nouveau lieu de travail se trouve dans un secteur géographique différent;
- de la qualification du salarié ou la nature de ses fonctions.

Par principe les horaires de travail ne sont pas considérés comme des éléments essentiels ou déterminants. Il en est autrement lorsque le changement d'horaire a des incidences majeures (par exemple, passage d'un horaire de jour à un horaire de nuit, d'un horaire continu à un horaire discontinu, d'un horaire fixe à un horaire variable, ou inversement).

3. Clauses de révision

Par principe une clause du contrat de travail ne peut pas permettre à l'employeur de modifier unilatéralement un élément du contrat de travail tel que la rémunération ou la durée du travail. La clause de mobilité est autorisée à la condition qu'elle définisse de façon précise sa zone géographique d'application et qu'elle ne permette pas à l'employeur d'en étendre unilatéralement la portée. La mise en œuvre de la clause ne doit néanmoins pas être abusive et ne pas porter une atteinte disproportionnée au droit du salarié à une vie personnelle et familiale.

4. Régime juridique de la modification

Toute modification du contrat de travail, y compris pour un motif disciplinaire, est subordonnée à l'accord du salarié. Sauf en matière économique où la modification du contrat de travail répond à un régime particulier (V. C. Trav., L. 1222-6), la seule poursuite du travail aux nouvelles conditions ne peut suffire à établir que le salarié a tacitement accepté la modification de son contrat. Face au refus du salarié, l'employeur dispose d'une option : renoncer à la modification ou prendre l'initiative d'un licenciement. Encore faut-il toutefois qu'il dispose d'une cause réelle et sérieuse de licenciement, étant précisé que le refus du salarié ne la caractérise pas. Sous réserve de l'absence d'abus de droit, le changement des conditions de travail et la mise en œuvre d'une clause de mobilité s'imposent au salarié. Le refus du salarié constitue une faute même s'il ne caractérise pas à lui seul une faute grave.

Les indispensables

- La jurisprudence opère une distinction entre la modification du contrat et le simple changement des conditions de travail.
- La mesure qui affecte un ou plusieurs éléments essentiels ou déterminants du contrat de travail correspond à une modification du contrat.
- L'évolution d'un élément non déterminant du contrat relève de son pouvoir de direction et constitue un simple changement des conditions de travail.
- Par principe, les éléments essentiels ou déterminants sont la rémunération ou son mode de calcul ; le temps de travail ; le lieu de travail pris en tant que secteur géographique ; la qualification du salarié ou la nature de ses fonctions.
- Une clause du contrat de travail ne peut pas permettre à l'employeur de modifier unilatéralement un élément du contrat de travail tel que la rémunération ou la durée du travail.
- La clause de mobilité est autorisée à la condition qu'elle définisse de façon précise sa zone géographique d'application et qu'elle ne permette pas à l'employeur d'en étendre unilatéralement la portée.
- Toute modification du contrat de travail, y compris pour un motif disciplinaire, est subordonnée à l'accord du salarié.
- Face au refus du salarié d'accepter une modification de son contrat de travail, l'employeur dispose d'une option : renoncer à la modification ou prendre l'initiative d'un licenciement.
- Le changement des conditions de travail et la mise en œuvre d'une clause de mobilité s'imposent au salarié. Le refus du salarié constitue une faute.

Cas pratique

Monsieur CAPITAINE est le dirigeant d'une société ayant plusieurs agences réparties sur le territoire national. Il rencontre une difficulté au sein de l'agence parisienne. En effet, Messieurs DUPONT et DUPOND sont les auteurs de faits de harcèlement moral à l'égard de l'un de leurs collègues de travail, Monsieur PINPIN. Outre les moqueries sur son physique et sa coupe de cheveux, ils font en sorte de désorganiser son activité pour le pousser à la faute. La situation étant inadmissible, l'employeur est décidé à les sanctionner même s'il ne souhaite pas nécessairement les licencier compte tenu de leurs qualités professionnelles. Il a donc envisagé de les muter. Il souhaite affecter Monsieur DUPONT au sein de l'agence de Saint-Denis (93) sachant que le contrat de travail de ce salarié précise que « le lieu de travail est fixé à Paris ». Il envisage ensuite de muter Monsieur DUPOND à Lille sachant que son contrat ne contient pas de clause de mobilité. Les deux salariés refusent. Monsieur CAPITAINE s'interroge sur les conséquences qu'il doit tirer des refus et envisage désormais de les licencier. Qu'en pensez-vous ?

Corrigé

Le cas pratique conduit à s'intéresser à la modification du contrat de travail et à son régime juridique. Il convient d'abord de revenir sur l'identification de la modification du contrat de travail et du simple changement des conditions de travail avant de revenir sur leur régime juridique.

La mesure qui affecte un ou plusieurs éléments essentiels ou déterminants du contrat de travail correspond à une modification du contrat. L'évolution d'un élément non déterminant du contrat relève du pouvoir de direction de l'employeur et constitue un simple changement des conditions de travail. Le lieu de travail pris en tant que secteur géographique est un élément essentiel du contrat. S'agissant de Monsieur DUPONT, la mutation de Paris à Saint-Denis constitue un simple changement des conditions de travail dans la mesure où les deux villes sont situées dans le même secteur géographique (proximité des deux villes et desserte par les transports publics) étant précisé que la mention d'un lieu de travail dans le contrat de travail a simple valeur d'information (Cass. soc., 3 juin 2003, n° 01-40.376). Compte tenu de l'éloignement entre Paris et Lille, l'évolution du lieu de travail de Monsieur DUPOND constitue en revanche une modification du contrat de travail. Le changement des conditions de travail s'impose au salarié. Le refus du salarié constitue une faute. La modification du contrat de travail, y compris lorsqu'elle intervient pour un motif disciplinaire, implique l'accord exprès du salarié. Face à un refus du salarié, l'employeur doit renoncer à la modification ou envisager le licenciement s'il dispose d'une cause réelle et sérieuse sachant que le refus ne justifie pas le licenciement. En l'espèce, Monsieur DUPONT ayant refusé un simple changement des conditions de travail, il est en faute. Il pourra être licencié. Si le refus d'un changement des conditions de travail ne constitue pas à lui seul une faute grave (Cass. soc., 23 févr. 2005, n° 03-42.018), le refus ajouté à la situation de harcèlement moral justifie le licenciement pour faute grave. Concernant Monsieur DUPOND, faute d'accord de ce dernier, l'employeur ne peut pas lui imposer la mutation de Paris à Lille, y compris pour un motif disciplinaire. Face au refus du salarié, l'employeur doit renoncer à la mutation ou envisager le licenciement sans pouvoir se baser sur le refus. En l'espèce, Monsieur CAPITAINE pourra envisager le licenciement pour faute grave. Il ne doit néanmoins pas se fonder sur le refus de la modification du contrat de travail mais sur la situation de harcèlement moral dont Monsieur DUPOND est l'auteur.

Fiche 15

La procédure de licenciement pour motif personnel

▶ Objectifs de la fiche

- Identifier les étapes d'une procédure de licenciement pour motif personnel.
- Déterminer les conséquences d'une irrégularité formelle.

Références jurisprudentielles

- Cass. soc., 4 novembre 1992, n° 91-41189.
- Cass. soc., 28 novembre 2001 : *RJS* 2/02, n° 156.
- Cass. soc., 30 mars 2011, n° 09-71.412.

Le licenciement pour motif personnel doit intervenir dans les conditions posées par les articles L. 1232-2 et suivants du code du travail. Si le licenciement concerne un salarié protégé, l'employeur doit également obtenir une autorisation de l'inspecteur du travail pour pouvoir le licencier.

Le code du travail impose tout d'abord un entretien préalable. Si le licenciement envisagé repose sur une faute commise par le salarié, la convocation à l'entretien préalable ne peut avoir lieu plus de deux mois à compter du jour de la connaissance par l'employeur des faits fautifs (C. trav., art. L. 1332-4). La convocation est effectuée par lettre recommandée ou par lettre remise en main propre contre décharge. Cette lettre indique l'objet de la convocation. Cette précision est substantielle (Cass. soc., 28 novembre 2001 : *RJS* 2/02, n° 156).

L'entretien préalable ne peut avoir lieu moins de cinq jours ouvrables après la présentation de la lettre recommandée ou la remise en main propre de la lettre de convocation. Cette convocation doit préciser l'objet, la date, l'heure, le lieu de l'entretien et l'indication selon laquelle le salarié peut se faire assister par une personne de son choix appartenant au personnel de l'entreprise ou par une personne extérieure inscrite sur une liste établie par le préfet (C. trav., art. L. 1232-4). La fonction de conseiller du salarié est encadrée par le code du travail (C. trav., art. L. 1232-7, et s.). L'entretien permet au salarié de connaître les motifs de la décision envisagée et à l'employeur de recueillir les explications du salarié (C. trav., art. L. 1232-3).

À défaut de conciliation entre les parties, le licenciement peut être notifié au salarié par le biais d'une LRAR. Les motifs de licenciement doivent être précisés dans la lettre de notification de la rupture de sorte à fixer les limites du litige (Cass. Soc., 30 mars 2011, n° 09-71.412). La nature des faits reprochés doit apparaître clairement. Les raisons invoquées lient l'employeur. Ainsi, en cas de litige, il ne peut plus invoquer d'autres motifs. De plus, la lettre ne peut être expédiée moins de deux jours ouvrables après la date prévue de l'entretien préalable au licenciement auquel le salarié a été convoqué (C. trav., art. L. 1232-6).

Si le licenciement d'un salarié survient sans que la procédure requise ait été observée, mais pour une cause réelle et sérieuse, le juge impose à l'employeur d'accomplir la procédure et accorde au salarié une indemnité qui ne peut être supérieure à un mois de salaire. À l'exception de la méconnaissance des dispositions relatives à l'assistance du salarié par un conseiller, ces dispositions ne sont toutefois pas applicables au licenciement d'un salarié de moins de deux ans d'ancienneté dans l'entreprise et au licenciement opéré dans une entreprise employant habituellement moins de 11 salariés. Le salarié peut alors prétendre à une indemnité destinée à réparer le préjudice subi (C. trav., art. L. 1235-5).

Les indispensables

- Le code du travail encadre strictement la procédure de licenciement pour motif personnel.
- Trois grandes étapes peuvent être relevées : la convocation à l'entretien préalable, la tenue de l'entretien préalable et la notification du licenciement pour motif personnel au salarié concerné.
- Le courrier de convocation à entretien préalable répond à des exigences de contenu et de délai.
- La tenue de l'entretien préalable n'est pas une simple formalité : l'entretien doit être l'occasion d'éclaircir les faits, voire de trouver des solutions alternatives au licenciement.
- La notification du licenciement répond à des exigences formelles et temporelles.
- Le non-respect de la procédure entraîne des sanctions, variables selon l'irrégularité en cause et/ou la taille de l'entreprise et l'ancienneté du salarié concerné.

Cas pratique

Monsieur Sam Dit, salarié dans une TPE depuis un an, a été licencié pour motif personnel. Il ne conteste pas le motif : il a refusé de venir travailler deux samedis de suite, alors même que cette présence lui incombait au regard de ses fonctions et qu'il en avait été prévenu plusieurs mois à l'avance. En réalité, il doute de la régularité de la procédure. Ses absences non justifiées ont eu lieu les deux premiers samedis de février. Or, l'employeur n'a engagé la procédure de licenciement qu'au début du mois de mars. Surtout, il a été convoqué, par courrier remis en main propre (contre décharge) un vendredi, à un entretien préalable à licenciement organisé le mardi suivant. Il s'étonne en outre que ce courrier ne contienne pas les faits et les griefs qui lui étaient reprochés. Enfin, il souhaitait être accompagné de ses plus proches collègues lors de l'entretien, afin de se sentir épaulé. Ceci lui a été refusé. Il veut donc intenter une action en justice pour contester la validité du licenciement prononcé et obtenir une indemnité au moins égale à 6 mois de salaire.

Corrigé

Un employeur qui souhaite licencier un salarié pour un motif disciplinaire dispose d'un délai de 2 mois, à compter de la connaissance des faits, pour entamer la procédure (C. trav., art. L. 1332-4). La procédure est engagée par la formalité de la convocation à entretien préalable à licenciement. Selon l'article L 1232-2 du code du travail, cette convocation est effectuée par lettre recommandée ou par lettre remise en main propre contre décharge. Cette lettre indique l'objet de la convocation. L'entretien préalable ne peut avoir lieu moins de cinq jours ouvrables après la présentation de la lettre recommandée ou la remise en main propre de la lettre de convocation. Le salarié doit disposer d'un délai de cinq jours pleins pour préparer sa défense ; le jour de la remise de la lettre ne compte pas dans le délai, non plus que le dimanche qui n'est pas un jour ouvrable (Cass. soc. 20 février 2008 : *RJS* 5/08, n° 530). L'employeur qui envisage de licencier un salarié doit, avant toute décision, convoquer l'intéressé en lui indiquant l'objet de la convocation. Cette précision est substantielle (Cass. soc. 28 novembre 2001, *RJS* 2/02, n° 156). Par contre, la lettre de convocation à l'entretien préalable n'a pas à contenir les faits ou les griefs reprochés au salarié (Cass. soc., 4 novembre 1992, n° 91-41189 ; Cass. soc., 6 avril 2016, n° 14-23198). L'entretien préalable au licenciement revêt un caractère individuel qui exclut que celui-ci soit entendu en présence de ses collègues (Cass. soc., 20 juin 2007, n° 06-41823).
Dans le cas du licenciement d'un salarié ayant moins de deux ans d'ancienneté dans l'entreprise et opéré dans une entreprise employant habituellement moins de onze salariés, le salarié peut prétendre, en cas de licenciement abusif, à une indemnité correspondant au préjudice subi (C. trav., art. L. 1235-5).
En l'espèce, l'existence d'une cause réelle et sérieuse de licenciement n'est pas remise en cause. L'employeur a engagé les poursuites dans le délai de deux mois. L'employeur a convoqué Sam à un entretien préalable à licenciement et n'était pas tenu d'indiquer les griefs reprochés dans le courrier. De plus, lors de la tenue de l'entretien, les collègues de Sam n'avaient pas à être présents. La procédure n'est donc pas entachée d'irrégularité sur ces points.
Toutefois, il est possible de constater le non-respect du délai de cinq jours ouvrables entre la première présentation de la lettre de convocation à l'entretien préalable et la date prévue pour l'entretien. Ceci caractérise une irrégularité de forme qui peut être sanctionnée, au regard de la taille de l'entreprise et de l'ancienneté de Sam, par une indemnité destinée à réparer le préjudice subi. La demande de Sam tendant à obtenir une indemnité au moins égale à 6 mois de salaire ne pourra raisonnablement prospérer.

Fiche 16

La cause réelle et sérieuse du licenciement pour motif personnel

▶ Objectifs de la fiche

- Connaître les motifs qui permettent de licencier un salarié.

Références jurisprudentielles

- Cass. soc., 29 nov. 1990, *D.* 1991, p. 190, note J. Pélissier.
- Cass. soc., 27 sept. 2007, *JCP S* 2007, 1934, note A. Bugada; RDT 2007, p. 650, note G. Auzero.
- Cass. soc., 1er juill. 2008, *JCP S* 2008, 1934, note A. Bugada.

Depuis la loi du 13 juillet 1973, l'employeur ne peut plus rompre le contrat de travail pour n'importe que motif: il faut une cause réelle et sérieuse.

1. La notion de cause réelle et sérieuse

La cause doit être à la fois réelle et sérieuse. La cause réelle peut être définie comme une cause existante, une cause exacte et une cause objective. La cause existante signifie que le motif avancé par l'employeur sera considéré comme réel s'il existe véritablement. La cause exacte conduit à vérifier que derrière le motif allégué par l'employeur, on ne trouve une pas cause inavouable comme l'activité syndicale du salarié. Enfin la cause réelle est une cause objective, ce qui exclut les préjugés et les convenances personnelles. En conséquence, un employeur ne peut pas licencier un salarié pour perte de confiance car il s'agit d'un motif purement subjectif. Pour licencier, il faut invoquer des éléments objectifs, comme par exemple la commission d'actes positifs de concurrence déloyale.

La cause sérieuse est une cause revêtant une certaine gravité qui rend impossible sans dommage pour l'entreprise la continuation du contrat. Ainsi, le médecin du travail peut constater qu'un salarié est physiquement inapte à occuper son poste de travail.

Ce motif est bien réel mais pas forcément sérieux : il faut regarder si l'entreprise ne peut pas, sans dommages pour elle, reclasser le salarié.

2. Principales applications

Le licenciement peut tout d'abord être prononcé à titre de sanction d'une faute disciplinaire. Pour rompre le contrat, il faut au moins une faute sérieuse : une faute légère ne peut pas être une cause de licenciement. La faute sérieuse justifie le licenciement mais avec préavis et versement de l'indemnité de licenciement. Le salarié a aussi droit à ses congés payés. Le salarié peut ensuite avoir commis une faute grave qui se présente comme « celle qui rend impossible le maintien du salarié dans l'entreprise ». L'entreprise est atteinte dans sa prospérité, sa sécurité ou sa réputation vis-à-vis des collègues de travail ou des clients. La faute grave prive le salarié du préavis et de son indemnité de licenciement. Il ne touchera que son indemnité de congés payés. Enfin, la faute peut être lourde et dans ce cas elle suppose l'intention de nuire à l'entreprise ou à l'employeur. Comme pour la faute grave, le salarié est privé du préavis et de son indemnité de licenciement mais pas de ses congés payés.

Le licenciement pour motif personnel peut aussi intervenir en dehors de toute faute disciplinaire. Le contrat peut tout d'abord être rompu pour insuffisance professionnelle : le salarié est inapte à remplir les tâches pour lesquelles il a été embauché. À la différence de la faute disciplinaire, il y a inexécution mais involontaire de ses obligations contractuelles. Le salarié peut aussi être licencié lorsqu'il n'arrive pas à atteindre les objectifs fixés au contrat. On parle alors d'insuffisance de résultats. Enfin, la mésentente entre les salariés peut être une cause de licenciement dès lors qu'elle est corroborée par des éléments objectifs (incidents violents, disputes…).

Les indispensables

- Le licenciement d'un salarié doit reposer sur une cause réelle et sérieuse.
- La cause réelle est une cause qui existe, une cause exacte et une cause objective.
- La cause sérieuse est une cause revêtant une certaine gravité qui rend impossible, sans dommages pour l'entreprise, la continuation du contrat.
- Un licenciement pour une cause inhérente à la personne du salarié doit être fondé sur des éléments objectifs. La perte de confiance alléguée par l'employeur ne constitue pas en soi un motif de licenciement.

Cas pratique

Monsieur Ducrocq travaille pour la société Franjou comme manutentionnaire depuis 10 ans. Il vient d'être licencié pour faute grave car il a consommé de la drogue sur son lieu de travail. Son fils aîné, Jean, a été également licencié pour faute grave car il n'arrive pas, malgré ses nombreux efforts, à tenir correctement les comptes de l'entreprise. Cette famille est décidément accablée par le sort. La fille de Monsieur Ducrocq, Béatrice, a été licenciée pour faute lourde car elle a dérobé de l'argent dans la caisse du magasin. Une autre salariée de l'entreprise, Isabelle, vient aussi d'être licenciée car l'employeur a appris que son mari était employé par une société concurrente.

Corrigé

Selon la Cour de cassation, la faute grave est « celle qui rend impossible le maintien du salarié dans l'entreprise ». Celle-ci est notamment caractérisée en cas de consommation de substances illicites au temps et au lieu du travail (Cass. soc., 1er juill. 2008, *JCP S*, 1934, note A. Bugada). En conséquence, le licenciement de Monsieur Ducrocq est parfaitement justifié. Et, comme il y a faute grave, il peut être privé du préavis et de l'indemnité de licenciement. En revanche, il a droit à une indemnité de congés payés.

Jean a été également licencié pour faute grave car il n'arrive pas, malgré ses nombreux efforts, à tenir correctement les comptes de l'entreprise. En d'autres termes, il est incapable de remplir les tâches pour lesquelles il a été embauché. Il y a donc mauvaise exécution mais involontaire de ses obligations contractuelles. On ne peut donc pas retenir à son encontre la faute disciplinaire car celle-ci suppose une mauvaise exécution, mais volontaire, par le salarié de son contrat de travail. En conséquence, le licenciement est sans cause réelle et sérieuse. L'employeur devait se fonder sur l'insuffisance professionnelle pour mettre un terme à la relation de travail.

La fille de Monsieur Ducroq a été licenciée pour faute lourde car elle dérobé de l'argent dans la caisse du magasin. En droit du travail, la faute lourde suppose l'intention de nuire à l'entreprise ou à l'employeur. Le salarié a la volonté de causer un dommage à l'employeur ou à l'entreprise. Dans notre affaire, la faute lourde n'est pas caractérisée car la cause du vol ne s'explique sans doute pas par la volonté de nuire à l'employeur ou à l'entreprise. La salariée veut probablement récupérer l'argent de la caisse dans un but personnel. En revanche, le vol commis au préjudice de l'entreprise constitue une faute grave.

Enfin, Isabelle a été licenciée car son mari travaille au profit d'une entreprise concurrente. La loi du 13 juillet 1973 exige que le licenciement repose sur une cause réelle et cette dernière suppose de caractériser des éléments objectifs. Pourtant, pendant plusieurs années, la Cour de cassation va légitimer les licenciements fondés sur la perte de confiance. Elle a notamment admis la possibilité pour un employeur d'invoquer la perte de confiance lorsque le salarié avait un membre de sa famille qui travaillait pour une entreprise concurrente. Or la perte de confiance est par définition un état d'esprit, c'est la prise en compte des sentiments personnels. Fort heureusement, la Cour de cassation a mis un terme à cette jurisprudence contestable le 29 novembre 1990. L'arrêt affirme : « un licenciement pour une cause inhérente à la personne du salarié doit être fondé sur des éléments objectifs ; la perte de confiance alléguée par l'employeur ne constitue pas en soi un motif de licenciement » (Cass. soc., 29 nov. 1990, *D.* 1991, p. 190, note J. Pélissier). L'employeur ne pouvait donc pas licencier Isabelle parce que son mari travaille dans une entreprise concurrente. Le licenciement n'est possible qu'en présence d'éléments réels et sérieux, comme par exemple des actes positifs de concurrence.

Fiche 17

Le licenciement illicite

▶ Objectifs de la fiche

- Comprendre la distinction entre le licenciement sans cause réelle et sérieuse et le licenciement nul.

Références jurisprudentielles

- Cass. soc., 28 avril 1988, n° 87-41.804, Dr; soc. 1988, p. 428, note G. Couturier.
- Cass. soc., 17 avril 1991, n° 90-42.636, Dr soc. 1991, p. 485, note J. Savatier.
- Cass. ch. Mixte, 18 mai 2007, n° 05-40.803, *JCP S*, 1538, note A. Barège et B. Bossu.

1. La nullité du licenciement illicite

Le licenciement d'un salarié doit reposer sur un juste motif qu'on appelle la cause réelle et sérieuse. Il s'agit par exemple d'une faute disciplinaire. Mais, dans certains cas, le motif invoqué par l'employeur remet en cause les valeurs qui fondent la société française. Ainsi, le contrat de travail est rompu parce qu'un salarié exerce une activité syndicale. Dans ce cas, le licenciement n'est pas sans cause réelle et sérieuse mais nul. Les hypothèses de nullité peuvent tout d'abord être prévues par la loi. Ainsi, l'article L. 1132-1 du Code du travail prévoit qu'aucun salarié ne peut être sanctionné ou licencié pour un motif discriminatoire (race, religion, sexe…). Ensuite, même si la loi ne le prévoit pas, un licenciement peut être annulé dès lors qu'il porte atteinte à une liberté fondamentale. Ainsi, le licenciement qui remet en cause la liberté fondamentale de témoigner est frappé de nullité (Cass. soc., 29 oct. 2013, *JCP S*, 1061, note B. Bossu).

2. Les conséquences de la nullité

Lorsqu'un licenciement est sans cause réelle et sérieuse, le juge peut simplement proposer la réintégration du salarié dans son emploi et l'employeur peut la refuser. Au contraire, dès lors que le licenciement est nul, le juge est tenu d'ordonner la réintégration si le salarié la sollicite. Dans ce cas, il a droit à la réparation de la totalité du préjudice subi au cours de la période qui s'est écoulée entre son licenciement et sa réintégration. Si le salarié ne souhaite pas sa réintégration, il a droit à une indemnité réparant le caractère illicite de son licenciement. Son montant ne saurait être inférieur à celui qui est prévu en cas de licenciement sans cause réelle et sérieuse, c'est-à-dire au moins six mois de salaire.

3. La vie personnelle du salarié

Depuis 1997, la Cour de cassation pose en principe qu'un fait tiré de la vie personnelle du salarié ne peut constituer une faute et qu'en conséquence un licenciement fondé sur ce fait n'est pas possible. Ainsi, un salarié ne peut être sanctionné pour un fait commis dans sa vie privée. Au contraire, dès lors que fait se rattache à la vie professionnelle, l'employeur retrouve son pouvoir disciplinaire. Est ainsi passible de sanctions disciplinaires le salarié ivre, qui frappe un collègue dans les locaux de l'entreprise. La vie personnelle recouvre la vie privée mais aussi l'exercice des libertés civiles (liberté de consommer, de se marier...) et l'exercice de la citoyenneté (liberté d'opinion...).

4. Le licenciement pour un fait tiré de la vie personnelle

En principe, il est interdit de licencier un salarié pour un fait tiré de sa vie personnelle. Cette règle connaît deux tempéraments. En premier lieu, même si le fait ne peut être imputé à faute pour le salarié, il peut constituer une cause non fautive de licenciement dès lors qu'il cause un trouble objectif à l'intérêt de l'entreprise. En second lieu, un fait tiré de la vie personnelle peut présenter de façon exceptionnelle un caractère fautif car il révèle un manquement du salarié à ses obligations contractuelles. Est ainsi fautif, le fait pour un salarié de travailler pour une entreprise concurrente pendant ses congés payés.

Les indispensables

- Le licenciement peut être annulé par le juge soit lorsque la loi le prévoit soit en cas d'atteinte aux libertés fondamentales du salarié.
- Lorsqu'un licenciement est frappé de nullité, le juge doit ordonner la réintégration du salarié lorsque celui-ci la sollicite. À la différence du licenciement sans cause réelle et sérieuse, l'employeur ne peut s'opposer au retour du salarié dans l'entreprise.
- L'employeur ne peut licencier un salarié pour un fait commis dans le cadre de sa vie personnelle.
- L'impossibilité de licencier un salarié pour un fait relevant de sa vie personnelle connaît deux tempéraments. En premier lieu, le fait peut constituer une cause non fautive de licenciement dès lors qu'il cause un trouble objectif à l'intérêt de l'entreprise. En second lieu, le licenciement disciplinaire est envisageable lorsque le fait s'analyse en une violation des obligations prévues par le contrat de travail.

Cas pratique

L'entreprise Lebois est dirigée par un ancien militaire : Monsieur Marteau. Celui-ci a décidé il y a quelques années d'embaucher un certain monsieur Hugues comme chauffeur. Dans cette entreprise, il existe un service courrier qui est géré par Juliette : elle est chargée d'ouvrir le courrier et de le mettre à disposition des destinataires. Le 10 janvier 1015, une enveloppe adressée à Monsieur Hugues arrive au service courrier de l'entreprise. Comme la mention « Personnel » ne figure pas sur l'enveloppe, Juliette décide d'ouvrir cette dernière. Celle-ci est stupéfaite : l'enveloppe contient une revue destinée à des couples échangistes. Comme elle n'apprécie guère Monsieur Hugues, elle décide de ne pas remettre la revue dans l'enveloppe mais au contraire de la laisser en exposition sur son comptoir. Plusieurs salariés s'étonnent évidemment de la présence de cette revue. Le directeur de l'entreprise est scandalisé : Il est admissible d'avoir au sein de mon entreprise un « déviant sexuel ». Monsieur Hugues est immédiatement licencié pour faute grave. Peut-on contester le caractère réel et sérieux du licenciement ?

Corrigé

Le cas pratique conduit à s'interroger sur les frontières qui séparent la vie professionnelle et la vie personnelle et le droit pour un employeur de licencier un salarié pour un fait tiré de sa vie privée.

Juliette, qui est responsable du service courrier, pouvait-elle ouvrir l'enveloppe ? Toutes les correspondances adressées sur le lieu de travail sont présumées professionnelles lorsqu'elles ne sont pas identifiées comme étant personnelles. Pour la Cour de cassation, « les correspondances adressées ou reçues par le salarié sur le lieu de travail sont présumées avoir un caractère professionnel, en sorte que l'employeur est en droit de les ouvrir en dehors de la présence de l'intéressé, sauf si elles sont identifiées comme étant personnelles » (Cass. soc., 11 juill. 2012, n° 11-22.972). En ouvrant l'enveloppe, Juliette ne commet donc pas de faute.

Pour autant, l'employeur n'est pas forcément autorisé à se prévaloir du contenu de l'enveloppe. Dès lors que celui-ci relève de la sphère privée, l'employeur ne peut l'utiliser à l'encontre du salarié. Et dans notre affaire, le contenu de la correspondance se rattache à la vie privée. Traditionnellement, celle-ci se présente comme le droit au respect de son intimité et de sa tranquillité. Mais la vie privée s'analyse aussi comme la manifestation d'une liberté : le droit pour une personne de mener sa propre existence comme elle entend sans cacher sa véritable personnalité à ses semblables. En conséquence, l'employeur n'a pas à porter de jugement sur la vie sexuelle de ses salariés. Le licenciement pour faute grave de Monsieur Hugues est injustifié.

Le licenciement ne pouvait pas relever du domaine disciplinaire. Mais ne pouvait-on pas prononcer un licenciement non disciplinaire ? De façon exceptionnelle, même si le fait commis par le salarié relève de sa vie personnelle, il peut constituer une cause non fautive de licenciement. Il en va ainsi lorsque le comportement de l'intéressé, compte tenu de ses fonctions et de la finalité propre de l'entreprise, a créé un trouble caractérisé au sein de cette dernière ». En d'autres termes, lorsqu'un fait commis par un salarié cause un trouble objectif à l'intérêt de l'entreprise, le licenciement redevient possible. Si un salarié commet par exemple un vol dans le cadre de sa vie privée, l'employeur n'a pas normalement à prendre en considération ce fait pour rompre la relation de travail. Néanmoins, s'il y a une hostilité permanente des clients de l'entreprise ou des salariés à l'égard de l'auteur des faits délictueux, on se trouve en présence d'un trouble objectif. Dans notre affaire, on peut douter de l'existence d'un trouble objectif à une époque où les kiosques affichent des revues érotiques et où des films passés à la télévision comportent des images sexuelles. Par ailleurs, il n'y a pas d'hostilité permanente des salariés à l'encontre de leur collègue.

Fiche 18

Les procédures de licenciement économique

▶ Objectifs de la fiche

- Comprendre quelles sont les étapes à respecter lorsqu'un licenciement économique est mis en œuvre.

Références jurisprudentielles

- Cass. soc., 19 fév. 2002, *RJS* 2002, n° 670, 1re espèce.
- Cass. soc., 14 janv. 1997, *Dr soc.* 1997, p. 159, concl. P. Lyon-Caen, note J. Savatier.
- Cass. soc., 12 nov. 2015, *JCP S* 2016, 1038, note B. Bossu.

Le motif économique défini conformément aux articles L. 1233-3 et suivants du Code du travail, donne la faculté à l'employeur de licencier, sous réserve de respecter une procédure qui est fonction du nombre de licenciements.

À défaut d'accord collectif, les représentants du personnel sont consultés au préalable par l'employeur sur le projet de licenciement. Pour les licenciements d'au moins 10 salariés, le projet de licenciement est notifié à la DIRECCTE au plus tôt le lendemain de la première réunion des représentants du personnel. Pour les licenciements de moins de 10 salariés, le DIRECCTE est informé dans les 8 jours suivant l'envoi des lettres de licenciement.

À défaut d'accord collectif, l'employeur détermine l'ordre des licenciements selon des critères légaux ou conventionnels appliqués, au sein de chaque catégorie professionnelle, à l'ensemble du personnel de l'entreprise, sous peine de sanctions civiles et pénales.

Outre une obligation d'adaptation, l'employeur est tenu d'une obligation de reclassement (V. Fiche 19), qui si elle est remplie, justifie le licenciement.

Chaque salarié concerné est obligatoirement convoqué, par LRAR ou par lettre remise en main propre contre décharge, à un entretien préalable pour les licenciements de moins de 10 salariés et, lorsque l'entreprise est dépourvu d'IRP, pour les licenciements intéressant au moins 10 salariés. L'entretien est fixé au moins 5 jours ouvrables après la présentation de la lettre de convocation.

Pour les licenciements de moins de 10 salariés, le licenciement est notifié par LRAR dans un délai de 7 jours ouvrables à compter de la date prévue de l'entretien préalable (15 jours ouvrables en cas de licenciement individuel d'un cadre). Pour les licenciements d'au moins 10 salariés, le licenciement est notifié, dans les entreprises de moins de 50 salariés, au moins dans les 30 jours suivant la notification du projet de licenciement à la DIRECCTE.

Le salarié exécute un préavis – sauf acceptation d'un contrat de sécurisation professionnelle, un congé de reclassement ou un congé de mobilité selon les cas – et perçoit une indemnité de licenciement.

Le salarié licencié bénéficie d'une priorité de réembauche sur les postes disponibles dans l'entreprise pendant 1 an à compter de la date de rupture de son contrat de travail, s'il en fait la demande durant ce délai. À défaut, il perçoit une indemnité qui ne peut être inférieure à 2 mois de salaire, ou s'il a moins de 2 ans d'ancienneté ou si l'entreprise emploie moins de 11 salariés, en fonction du préjudice subi.

La contestation de la régularité ou de la validité du licenciement se prescrit par douze mois. Le salarié perçoit une indemnisation lorsque le licenciement est irrégulier (lorsque son ancienneté est égale ou supérieure à 2 ans et que l'entreprise compte 11 salariés, l'indemnité est équivalente à un mois de salaire maximum ; dans les autres cas, elle répare le préjudice subi).

Les indispensables

- L'existence d'un motif économique donne à l'employeur la prérogative de licencier. En ce cas, une procédure doit être respectée en fonction du nombre de licenciements.
- À défaut d'accord collectif, les représentants du personnel sont consultés au préalable par l'employeur sur le projet de licenciement. De même, la DIRECCTE sera informée.
- À défaut d'accord collectif, l'employeur fixe l'ordre des licenciements afin de déterminer les salariés menacés de licenciement.
- Une fois les salariés menacés de licenciement sélectionnés, l'employeur est tenu d'une obligation de reclassement.
- Chaque salarié concerné est obligatoirement convoqué, à un entretien préalable. L'entretien est fixé au moins 5 jours ouvrables après la présentation de la lettre de convocation.
- Le licenciement est notifié au salarié selon des délais et des computations distinctes selon le nombre de licenciements prononcés, la qualité du salarié et la taille de l'entreprise.
- Le salarié exécute, en principe, un préavis et perçoit une indemnité de licenciement.
- Le salarié licencié bénéficie d'une priorité de réembauche. Si l'entreprise contrevient à cette priorité, le salarié sera indemnisé.
- La contestation de la régularité ou de la validité du licenciement se prescrit par douze mois. Le salarié perçoit une indemnisation lorsque le licenciement est irrégulier.

Cas pratique

Dans une entreprise familiale de fabrique de friandises chocolatées et autres délices sucrées, « La Pie Qui Crie », composé de 16 salariés et disposant d'un comité d'entreprise, un projet de restructuration élaborée par la direction de l'entreprise prévoit – en raison de la réorganisation du service « production » des fraises « *tugudu* », ce qui devrait permettre à l'entreprise d'améliorer sa rentabilité ainsi que ses résultats et, partant, de sauvegarder sa compétitivité – un licenciement fondé sur ce motif économique. L'entreprise « La Pie Qui Crie » réunit les délégués du personnel.

Corrigé

Comment s'organise la procédure de licenciement pour motif économique de l'entreprise « La Pie Qui Crie » ? Dans la mesure où un seul licenciement est envisagé, la procédure mise en œuvre sera celle du licenciement individuel.

Pour ce faire, après avoir déterminé le salarié menacé grâce à l'ordre des licenciements et avoir recherché un reclassement, l'entreprise « La Pie Qui Crie » convoque le salarié pour un entretien préalable.

Cet entretien préalable est fixé au moins 5 jours ouvrables après la présentation de la lettre de convocation. Puis, le licenciement est notifié par LRAR dans un délai de 7 jours ouvrables à compter de la date prévue de l'entretien préalable.

Ensuite, le DIRECCTE est informé dans les 8 jours suivant l'envoi des lettres de licenciement.

Enfin, le salarié exécute, en principe, un préavis et perçoit une indemnité de licenciement.

Fiche 19

Le licenciement pour motif économique : la cause réelle et sérieuse

▶ Objectif de la fiche

- Comprendre ce qui constitue une cause réelle et sérieuse de licenciement pour motif économique.

Références jurisprudentielles

- Cass. Ass. plén., 8 décembre 2000, n° 97-44.219 ; *Dr. soc.* 2001, p. 417, chron. A. Jeammaud et M. Le Friant.
- Cass. soc., 5 avril. 1995, n° 93-42.690 ; *Bull. civ. V*, n° 123.
- Cass. soc., 16 janvier 2001, n° 98-44.647 ; *Bull. civ. V*, n° 10 ; *Dr. soc.*, p. 413, chr. J. Savatier.
- Cass. soc., 11 janvier 2006, n° 05-40.977 ; *Bull. civ. V*, n° 10 ; *JCP S*, 1076, note F. Favennec-Héry.

1. Contrôle judiciaire de la cause économique justificative

Tout licenciement pour motif économique doit reposer sur une cause réelle et sérieuse. La question du contrôle judiciaire n'est néanmoins pas simple. D'un côté, il faut préserver la liberté de gestion du chef d'entreprise. Titulaire du pouvoir de direction, il doit pouvoir agir sur l'emploi. D'un autre côté, le juge doit pouvoir contrôler le caractère réel et sérieux du licenciement. Dans une décision du 8 décembre 2000, l'Assemblée plénière de la Cour de cassation a consacré la liberté de gestion du chef d'entreprise. Ainsi, ce dernier reste libre de choisir la solution qui lui paraît la plus adaptée. Mais le juge conserve la faculté de contrôler que le motif économique est réel et sérieux.

2. Réalité du motif économique

Le licenciement pour motif économique doit être non inhérent à la personne du salarié ; il doit être justifié par un motif réel. À ce titre, le juge doit d'abord vérifier que les conditions matérielles du licenciement sont réunies. Il contrôle ensuite les circonstances économiques.

Le fait matériel à l'origine du licenciement peut prendre différentes formes :

- Suppression ou transformation d'emploi ;
- Modification refusée par le salarié d'un élément essentiel du contrat de travail

Les circonstances économiques sont identifiées par la loi et la jurisprudence. L'article L. 1233-3 du Code du travail qui définit le motif économique retenait initialement les « mesures consécutives notamment à des difficultés économiques ou à des mutations technologiques ». S'appuyant sur l'adverbe notamment, la jurisprudence a ensuite découvert deux autres motifs : la réorganisation nécessaire pour sauvegarder la compétitivité de l'entreprise et la cessation d'activité de l'entreprise. Ces deux dernières circonstances sont intégrées dans l'article L. 1233-3 depuis le 1er janvier 2017. Ce texte fournit par ailleurs des indicateurs de ce qui caractérisent des difficultés économiques.

3. Sérieux du motif

Même lorsque le motif économique est réel, le juge doit rechercher si licenciement est la seule solution. À ce stade, il s'agit de vérifier si l'entreprise ne peut pas, sans dommage pour elle, reclasser le salarié. Concrètement, le licenciement pour motif économique ne peut intervenir que lorsque tous les efforts de formation et d'adaptation ont été réalisés et que le reclassement de l'intéressé ne peut pas intervenir sur un emploi disponible, situé sur le territoire national dans l'entreprise ou les autres entreprises du groupe auquel appartient l'entreprise. Lorsque l'entreprise ou le groupe comporte des établissements en dehors du territoire national, le salarié peut demander à recevoir des offres de reclassement dans ces établissements en précisant les restrictions éventuelles quant aux caractéristiques des emplois offerts, notamment en matière de rémunération et de localisation. L'employeur doit informer le salarié de cette possibilité.

Par principe, le reclassement du salarié s'effectue sur un emploi relevant de la même catégorie que celui qu'il occupe ou sur un emploi équivalent assorti d'une rémunération équivalente. À défaut, et sous réserve de son accord exprès, le reclassement s'effectue sur un emploi d'une catégorie inférieure.

Les indispensables

- Le licenciement pour motif économique doit être non inhérent à la personne du salarié.
- Le licenciement pour motif économique implique une suppression d'emploi, une transformation d'emploi ou une modification, refusée par le salarié, d'un élément essentiel du contrat de travail.
- Le licenciement pour motif économique nécessite des difficultés économiques, une mutation technologique, une réorganisation nécessaire pour sauvegarder la compétitivité ou la cessation définitive d'activité de l'entreprise.
- Le licenciement pour motif économique ne peut intervenir que lorsque tous les efforts de formation et d'adaptation ont été réalisés et que le reclassement de l'intéressé ne peut pas intervenir sur un emploi disponible.
- Le reclassement doit être recherché sur le territoire national, dans l'entreprise ou les autres entreprises du groupe auquel appartient l'entreprise.
- Lorsque l'entreprise ou le groupe comporte des établissements en dehors du territoire national, le salarié peut demander à recevoir des offres de reclassement dans ces établissements en précisant les restrictions éventuelles quant aux caractéristiques des emplois offerts.
- Le reclassement du salarié s'effectue sur un emploi relevant de la même catégorie que celui qu'il occupe ou sur un emploi équivalent assorti d'une rémunération équivalente. À défaut, et sous réserve de son accord exprès, le reclassement s'effectue sur un emploi d'une catégorie inférieure.

Cas pratique

La société PARISBYNIGHT distribue un guide touristique des établissements parisiens proposant des animations nocturnes. Elle doit désormais se restructurer pour faire face aux technologies de l'information et de la communication (Internet, mobile, etc.). Le guide papier est remplacé par un site Internet et une application mobile. Une modification des contrats de travail est alors proposée aux trois commerciaux. Alors que ces derniers bénéficiaient d'une rémunération fixe, leur rémunération sera désormais variable et totalement dépendante du chiffre d'affaires qu'ils généreront. Les salariés s'opposent à ce que leur système de rémunération évolue. S'ils reconnaissent que la restructuration est nécessaire pour anticiper les difficultés à venir, ils font le constat que la société n'est pas encore confrontée à des difficultés économiques. Les trois commerciaux sont licenciés sans qu'un autre emploi ne leur soit proposé. Le lendemain, la société PARISBYNIGHT recrute une secrétaire. Que pensez-vous de la situation ?

Corrigé

Le cas pratique conduit à s'intéresser au licenciement pour motif économique, plus spécialement à la cause réelle et sérieuse. Il convient d'abord de revenir sur la réalité du motif avant de s'intéresser à son caractère sérieux.

S'agissant de la réalité du motif, le licenciement pour motif économique implique une suppression d'emploi, une transformation d'emploi ou une modification, refusée par le salarié, d'un élément essentiel du contrat de travail. Le licenciement pour motif économique doit ensuite reposer sur une circonstance économique. Il peut s'agir de difficultés économiques ou de mutations technologiques, de la réorganisation nécessaire pour sauvegarder la compétitivité ou de la cessation définitive d'activité de l'entreprise (C. trav., art. L. 1233-3 ; Cass. soc., 5 avr. 1995, n° 93-42.690 ; Cass. soc., 16 janv. 2001, n° 98-44.647). En l'espèce, la restructuration a une incidence sur l'emploi : l'employeur envisage de modifier le contrat de travail, ce que les salariés refusent. Le motif économique est par ailleurs caractérisé. En effet, l'employeur est contraint de se réorganiser pour prévenir des difficultés économiques liées à des évolutions technologiques. Dans une espèce similaire, la Cour de cassation a considéré que « la réorganisation de l'entreprise constitue un motif économique de licenciement si elle est effectuée pour en sauvegarder la compétitivité ou celle du secteur d'activité du groupe auquel elle appartient, et que répond à ce critère la réorganisation mise en œuvre pour prévenir des difficultés économiques à venir liées à des évolutions technologiques et leurs conséquences sur l'emploi, sans être subordonnée à l'existence de difficultés économiques à la date du licenciement » (Cass. soc., 11 janv. 2006, n° 05-40 977). En conséquence la réalité du motif économique n'est pas contestable.

S'agissant du sérieux du motif, il convient de s'assurer que l'employeur a accompli tous les efforts de formation et d'adaptation et que le reclassement des salariés ne peut pas intervenir sur un emploi disponible. Le reclassement doit être recherché sur le territoire national, dans l'entreprise ou les autres entreprises du groupe auquel appartient l'entreprise (C. Trav., L. 1233-4). Lorsque l'entreprise ou le groupe comporte des établissements en dehors du territoire national, le salarié peut demander à recevoir des offres de reclassement dans ces établissements en précisant les restrictions éventuelles quant aux caractéristiques des emplois offerts (C. Trav., L. 1233-4-1). Le reclassement du salarié doit être recherché sur un emploi relevant de la même catégorie que celui que le salarié occupe ou sur un emploi équivalent assorti d'une rémunération équivalente. À défaut, et sous réserve de l'accord exprès du salarié, le reclassement s'effectue sur un emploi d'une catégorie inférieure (C. Trav., L. 1233-4). En l'espèce, dès le lendemain du licenciement, l'employeur a recruté une secrétaire. Or, il n'a pas proposé cet emploi aux commerciaux licenciés. On peut considérer que les salariés occupant un poste de commercial avaient les compétences pour occuper un poste de secrétariat et qu'en tout état de cause ils auraient pu occuper ce poste après une simple formation même s'il convient de rappeler que l'employeur n'est jamais tenu de fournir une formation initiale à un salarié pour le reclasser. En ne proposant pas un poste disponible à ses salariés, l'employeur a manqué à son obligation de reclassement. Le licenciement est donc sans cause réelle et sérieuse.

Fiche 20

La rupture du contrat de travail à l'initiative du salarié

▶ Objectifs de la fiche

- Identifier les modes de rupture du contrat de travail à l'initiative du salarié et en comprendre les conséquences.

Références jurisprudentielles

- Cass. soc., 9 mai 2007, n° 05-42.301 : *JCP S*, 1577, étude P. Pochet.
- Cass. soc., 25 juin 2003, n° 01-42.679 ; *D.*, p. 2396, note J. Pélissier ; *RJS*, p. 647, note J.-Y. Frouin.
- Cass. soc., 26 mars 2014, n° 12-35.040 : *JCP S*, 1268, note A. Barège.

1. Démission

L'hypothèse la plus évidente de rupture du contrat de travail à l'initiative du salarié est la démission. Elle ne peut exister que lorsque le contrat de travail est à durée indéterminée. La démission se caractérise par une manifestation de volonté claire et non équivoque de rompre le contrat. Pour être admise comme telle et produire tous ses effets, elle doit donc s'exprimer librement, c'est-à-dire en dehors de toute contrainte, pression ou manœuvre dolosive exercée par l'employeur, et de façon explicite, ce qui signifie que la volonté de démissionner ne peut se déduire du comportement du salarié (absence injustifiée, abandon de poste par exemple). La démission emporte rupture définitive du contrat de travail. Elle n'a pas à être acceptée par l'employeur pour produire tous ses effets. Une fois la démission actée, le salarié reste tenu d'exécuter le préavis éventuellement prévu par la loi, une convention ou un accord collectif, le contrat de travail ou un usage. Le salarié ne peut alors pas prétendre au paiement d'une indemnité de rupture du contrat de travail et, par principe, il ne peut pas bénéficier des allocations-chômage dans la mesure où il n'est pas involontairement privé de son emploi.

2. Prise d'acte de la rupture du contrat de travail

La prise d'acte est un mode autonome de rupture du contrat de travail à durée indéterminée réservé au salarié. Par la prise d'acte, le salarié met un terme à son contrat en se fondant sur des griefs qu'il impute à son employeur. Elle entraîne la rupture du contrat de travail. Le salarié doit ensuite saisir le conseil de prud'hommes afin de faire produire ses effets à la prise d'acte. Si les manquements de l'employeur sont avérés et qu'ils présentent une gravité telle qu'ils empêchent la poursuite de la relation de travail, la prise d'acte produit les effets d'un licenciement sans cause réelle et sérieuse ou d'un licenciement nul si la nullité est prévue par les textes (harcèlement, discrimination par exemple) ou en cas d'atteinte à une liberté fondamentale. Dans le cas contraire, la prise d'acte produit les effets d'une démission. Suite à la prise d'acte de la rupture de son contrat de travail, si le salarié n'a pas l'obligation d'exécuter un préavis, il conserve cette faculté.

3. Résiliation judiciaire

L'action en résiliation judiciaire permet au salarié de demander au juge prud'homal de prononcer la rupture du contrat de travail. Le salarié fonde alors sa demande sur des griefs formulés à l'encontre de son employeur. Il appartient ensuite au juge d'apprécier la gravité des manquements de l'employeur. Si les manquements sont avérés et qu'ils présentent une gravité telle qu'ils empêchent la poursuite de la relation de travail, la résiliation judiciaire du contrat de travail est prononcée. Comme en matière de prise d'acte, elle produit alors les effets d'un licenciement sans cause réelle et sérieuse ou d'un licenciement nul. Dans le cas contraire, le salarié est débouté de sa demande et le contrat de travail se poursuit.

Les indispensables

- La démission se caractérise par une manifestation de volonté claire et non équivoque de rompre le contrat. Elle doit donc s'exprimer librement et de façon explicite.
- La démission emporte rupture définitive du contrat de travail.
- Une fois la démission actée, le salarié reste tenu d'exécuter le préavis éventuellement prévu par la loi, une convention ou un accord collectif, le contrat de travail ou un usage.
- La prise d'acte est un mode autonome de rupture du contrat de travail. Elle entraîne la rupture du contrat de travail.
- Par la prise d'acte, le salarié met un terme à son contrat en se fondant sur des griefs qu'il impute à son employeur.
- Si les manquements de l'employeur sont avérés et qu'ils présentent une gravité telle qu'ils empêchent la poursuite de la relation de travail, la prise d'acte produit les effets d'un licenciement sans cause réelle et sérieuse ou d'un licenciement nul. Dans le cas contraire, la prise d'acte produit les effets d'une démission.
- L'action en résiliation judiciaire permet au salarié de demander au juge prud'homal de prononcer la rupture du contrat de travail en raison des manquements de son employeur.
- Si les manquements sont avérés et qu'ils présentent une gravité telle qu'ils empêchent la poursuite de la relation de travail, la résiliation judiciaire du contrat de travail est prononcée et elle produit alors les effets d'un licenciement sans cause réelle et sérieuse ou d'un licenciement nul. Dans le cas contraire, le salarié est débouté de sa demande et le contrat de travail se poursuit.

Cas pratique

Monsieur LAFRITE est chauffeur poids lourds dans une entreprise de transport depuis 3 ans. Depuis son embauche, il est constamment confronté à une attitude déplaisante de ses collègues de travail qui se livrent à des jeux de mots sur son nom de famille (« Salut LAFRITE, tu veux de la mayonnaise », « Tu passes tes vacances en Grèce LAFRITE ? », « Tu as l'air bien cuit aujourd'hui, LAFRITE », etc.). Il a demandé à ses collègues de cesser ces réflexions quotidiennes sans que cela n'ait d'effet. Il s'est alors rapproché de son employeur pour qu'il intervienne auprès de ses collègues. Ce dernier n'a pas réagi. Il a alors saisi les délégués du personnel qui ont invité l'employeur à réagir. Là encore, il n'y a pas eu la moindre réaction. Pire, son employeur a indiqué à certains salariés de l'entreprise que « LAFRITE, il est grillé ! ». Un des rares collègues bienveillants de Monsieur LAFRITE lui a fait part de ces propos. Profondément choqué, Monsieur LAFRITE a immédiatement remis à son employeur sa démission il y a quinze jours. Ne pouvant bénéficier du chômage, il vous interroge sur ses droits.

Corrigé

Le cas pratique conduit à s'intéresser à la rupture du contrat de travail à l'initiative du salarié, son régime juridique et ses conséquences. Il conduit d'abord à s'intéresser aux caractéristiques de la démission et de la prise d'acte du contrat de travail avant de se concentrer sur leurs conséquences.

La démission se caractérise par une manifestation de volonté claire et non équivoque de rompre le contrat. Pour être admise comme telle et produire tous ses effets, elle doit donc s'exprimer librement, c'est-à-dire en dehors de toute contrainte, pression ou manœuvre dolosive exercée par l'employeur, et de façon explicite, ce qui signifie que la volonté de démissionner ne peut se déduire du comportement du salarié. Quant à elle, la prise d'acte est un mode autonome de rupture du contrat de travail à durée indéterminée réservé au salarié. Par la prise d'acte, le salarié met un terme à son contrat en se fondant sur des griefs qu'il impute à son employeur. Elle entraîne la rupture du contrat de travail. Le salarié doit ensuite saisir le conseil de prud'hommes afin de faire produire ses effets à la prise d'acte. Pour la Cour de cassation « lorsque le salarié, sans invoquer un vice du consentement de nature à entraîner l'annulation de sa démission, remet en cause celle-ci en raison de faits ou manquements imputables à son employeur, le juge doit, s'il résulte de circonstances antérieures ou contemporaines de la démission qu'à la date à laquelle elle a été donnée, celle-ci était équivoque, l'analyser en une prise d'acte de la rupture [...] » (Cass. soc., 9 mai 2007, n° 05-42.301). En l'espèce, le salarié a démissionné en raison des manquements de son employeur à ses obligations, en l'occurrence l'obligation de sécurité dont il est débiteur (C. Trav., L. 4121-1 et s.) et une situation de harcèlement moral, le salarié ayant été confronté à des agissements répétés qui ont eu pour objet et en tout cas pour effet d'entraîner une dégradation de ses conditions de travail susceptible de porter atteinte à ses droits et à sa dignité et d'altérer sa santé mentale (C. Trav., L. 1152-1). Les circonstances antérieures ou contemporaines à la démission, notamment le fait que le salarié ait demandé à l'employeur d'intervenir sans réaction de sa part, le fait qu'il ait saisi les délégués du personnel, et la réflexion déplacée de l'employeur, rendent l'acte de démission équivoque. La rupture du contrat de travail doit donc s'analyser en une prise d'acte de la rupture.

Les conséquences de la prise d'acte se sont imposées en jurisprudence : elle produit les effets d'un licenciement sans cause réelle et sérieuse ou nul si les faits invoqués la justifiaient ou dans le cas contraire d'une démission. Les juges retiennent que la prise d'acte est justifiée lorsque les manquements de l'employeur sont d'une telle gravité qu'ils empêchent la poursuite du contrat de travail. En l'espèce, les manquements de l'employeur sont graves. Il n'a pas pris les mesures pour préserver l'état de santé mentale du salarié et ne pas empêcher d'atteinte à ses droits et à sa dignité. Nul doute que les manquements sont de nature à empêcher la poursuite du contrat de travail (Dans le même sens, V. Cass. soc., 11 déc. 2015, n° 14-15.670). La prise d'acte doit donc produire les effets d'un licenciement nul compte tenu du fait qu'elle intervient dans un contexte de harcèlement moral. Outre l'indemnité compensatrice de congés payés qui a dû être versée au salarié suite à la rupture du contrat de travail, il peut prétendre à une indemnité de licenciement, une indemnité compensatrice de préavis et des dommages et intérêts pour licenciement nul. Il pourra également se rapprocher du Pôle emploi pour que sa situation soit régularisée dans la mesure où il a probablement été privé de prise en charge compte tenu de sa « démission ».

Fiche 21

La rupture conventionnelle

▶ Objectifs de la fiche

- Comprendre les caractéristiques de la rupture conventionnelle du contrat de travail et comment s'organise ce dispositif.

> **Références jurisprudentielles**
> - Cass. soc., 30 janvier 2013, n° 11-22.332, *Bull. civ. V*, n° 24.
> - Cass. soc., 23 mai 2013, n° 12-13.865.
> - Cass. soc., 15 octobre 2014, n° 11-22.251.

Nouveau mode de rupture du CDI, autonome et distinct de la rupture amiable (Cass. soc. 15 oct. 2014, n° 11-22.251) et indépendant de la transaction, la rupture conventionnelle est réglementée par les articles L. 1237-11 et suivants du Code du travail.

1. Champ d'application

Exclue pour les CDD et les ruptures de contrats de travail résultant des accords collectifs de gestion prévisionnelle des emplois et des compétences (GPEC) ou de plans de sauvegarde de l'emploi, la rupture conventionnelle est ouverte à l'ensemble des salariés sous CDI, y compris pour ceux dont le contrat est suspendu (Cass. soc. 30 sept. 2014, n° 13-16.297, pour un accident du travail; Cass. soc., 30 sept. 2013, n° 12-19.711 pour un arrêt maladie; Cass. soc., 25 mars 2015, n° 14-10.149 pour une salariée en congé maternité), et aux salariés protégés. Pour ces derniers, la demande d'autorisation sera soumise à l'inspecteur du travail.

2. Procédure

Suivant un ou plusieurs entretiens, le salarié et l'employeur, éventuellement assistés, s'accordent sur le principe et les modalités de la rupture de la relation de travail. La convention de rupture fait l'objet d'un écrit, doit être signée et comporter la date de rupture du contrat.

Une fois la rupture conventionnelle signée, chaque partie dispose d'un droit de rétractation pendant un délai de 15 jours calendaires à compter de la signature de la convention de rupture.

À l'issue du délai de rétractation, la partie la plus diligente adresse une demande d'homologation de la convention au DIRECCTE qui exerce alors un contrôle de recevabilité et de validité. Un délai de 15 jours ouvrables, à compter du lendemain de la réception de la demande, est ouvert pour procéder à l'instruction du dossier.

3. Validité

La rupture conventionnelle doit être librement consentie par le salarié (C. trav., art. L. 1237-11). La convention peut être annulée lorsque le consentement du salarié est vicié, notamment en cas de violence morale (Cass. soc. 23 mai 2013, n° 12-13.865). Des erreurs matérielles dans la rédaction de la convention ou un défaut d'information du salarié ne justifient l'annulation d'une rupture conventionnelle homologuée que s'ils ont vicié son consentement (Cass. soc. 29 janv. 2014, n° 12-27594, n° 12-25951 et n° 12-24539).

La validité de la convention est également subordonnée à son homologation par le DIRECCTE. Au terme du contrôle, le DIRECCTE peut rendre une décision explicite en homologuant ou en refusant d'homologuer la convention de rupture. Il peut également rendre une décision implicite d'accord en gardant le silence.

4. Conséquences

Elle ouvre droit au salarié au versement des allocations de chômage (C. Trav., art. L. 5421-1 ; C. Trav., art. L. 5422-1) et d'une indemnité spécifique de rupture. Tout litige relatif à la convention, l'homologation ou au refus d'homologation relève de la compétence du conseil de prud'hommes, ce qui exclut tout autre recours contentieux ou administratif. La nullité de la rupture conventionnelle produit les effets d'un licenciement sans cause réelle et sérieuse (Cass. soc. 30 janv. 2013, n° 11-22.332, *Bull. civ. V*, n° 24).

Les indispensables

- La rupture conventionnelle est le seul mode négocié de rupture du contrat de travail, à l'exclusion de la rupture amiable. Elle est ouverte pour les salariés sous CDI, à l'exclusion des salariés sous CDD. Elle est possible pour les salariés dont le contrat est suspendu et pour les salariés protégés. Une fois conclue, elle donne lieu au profit du salarié au versement des allocations de chômage et d'une indemnité spécifique de rupture.
- Elle peut être conclue aux termes d'un ou de plusieurs entretiens. La convention de rupture fait l'objet d'un écrit, doit être signée par les parties et comporter la date de rupture du contrat.
- Chaque partie peut se rétracter pendant un délai de 15 jours calendaires.
- La convention de rupture doit être librement consentie par le salarié, à peine de nullité lorsque le consentement du salarié est vicié (erreur, dol, violence).
- L'autorité administrative compétente pour homologuer la rupture conventionnelle est, en principe, la DIRECCTE. La DIRECCTE exerce un contrôle de recevabilité et de validité sur la convention de rupture qui lui est présentée. Selon son appréciation, elle peut rendre une décision explicite d'homologation ou de refus d'homologation. Le silence gardé vaut décision implicite d'acceptation. S'il s'agit d'un salarié protégé, l'autorisation pourra être donnée par l'inspection du travail.
- Tout litige relatif à la convention, l'homologation ou au refus d'homologation relève de la compétence du conseil de prud'hommes.

Cas pratique

Mme Boudoir a été engagée sous CDI le 4 septembre 2013 par la société SVJL en qualité de secrétaire assistante juridique. Par la lettre du 2 juin 2016, la société lui reproche certains manquements professionnels qu'elle estimait susceptibles de justifier une mesure de licenciement, avant de lui suggérer une rupture à l'amiable en ayant recours à une rupture conventionnelle. S'organisent alors plusieurs rendez-vous afin de s'accorder sur les modalités de la rupture du contrat. À cette occasion, l'employeur ne délivre aucune information à la salariée ni sur les conditions d'assistance au cours des pourparlers, ni la faculté de contacter Pôle Emploi. Les parties ont conclu le 17 juin 2016 une convention de rupture du contrat de travail. La convention est homologuée par l'autorité administrative le 6 juillet 2016.

Corrigé

La question est relative à la validité de la rupture conventionnelle. À cet égard, la rupture conventionnelle doit être librement consentie par le salarié (art. L. 1237-11, C. Trav.). La convention peut être annulée lorsque le consentement du salarié est vicié, notamment en cas de violence morale (Cass. soc. 23 mai 2013, n° 12-13.865). Des erreurs matérielles dans la rédaction de la convention ou un défaut d'information du salarié ne justifient l'annulation d'une rupture conventionnelle homologuée que s'ils ont vicié son consentement (Cass. soc. 29 janv. 2014, n° 12-27594, n° 12-25951 et n° 12-24539).
Dans cette espèce, l'absence d'information sur ses indemnités de chômage et l'absence d'aide au cours des entretiens sont indifférentes et ne constituent pas un vice du consentement. En revanche, conformément à la jurisprudence rappelée ci-dessus, la salariée a subi une menace de licenciement de la part de l'employeur, ce qui la contrainte à conclure une convention de rupture. Pour cette raison, elle pourra obtenir la nullité de la convention et le versement d'une indemnité car, en ce cas, la nullité produit les effets d'un licenciement sans cause réelle et sérieuse (Cass. soc. 30 janv. 2013, n° 11-22.332, *Bull. civ.* V, n° 24). Pour ce faire, la salariée devra saisir le conseil de prud'hommes, seule juridiction compétente en la matière.

Fiche 22

La retraite

▶ Objectifs de la fiche

- Connaître le régime juridique du départ volontaire à la retraite.
- Connaître le régime juridique de la mise à la retraite.

Références jurisprudentielles

– Cass. soc., 15 janvier 2002 : *RJS*, 5/02, n° 638.
– Cass. soc., 10 octobre 2007, n° 06-42.781.
– Cass. soc., 17 septembre 2014, n° 13-14.944.

La rupture du contrat de travail d'un salarié peut s'opérer dans le cadre d'un départ à la retraite ou d'une mise à la retraite.

1. La mise à la retraite

La mise à la retraite est la rupture, à l'initiative de l'employeur, du contrat de travail du salarié qui a atteint l'âge ouvrant droit à une liquidation de pension de retraite à taux plein, quelle que soit la durée d'assurance. L'employeur peut mettre à la retraite d'office tout salarié ayant atteint l'âge de 70 ans. Avant cet âge, la mise à la retraite n'est possible qu'avec l'accord du salarié, sous certaines conditions.

Les dispositions relatives à la mise à la retraite sont prévues dans le code du travail aux articles L. 1237-5 et suivants du code du travail. L'employeur doit notamment interroger le salarié sur son intention de quitter l'entreprise pour prendre sa retraite. Cette proposition est formulée par écrit, au moins trois mois avant son anniversaire. Il appartient au salarié de répondre dans le mois qui suit réception de la proposition. Si le salarié donne son accord, sa mise à la retraite est possible. À défaut, l'employeur ne peut pas le mettre à la retraite. La procédure doit être répétée chaque année au cours des années suivantes, jusqu'à ce que le salarié ait atteint l'âge de 70 ans. L'employeur peut alors décider unilatéralement une mise à la retraite.

Le salarié bénéficie d'un préavis égal au préavis de licenciement (C. trav., art. L 1237-6) et d'une indemnité de rupture équivalente à l'indemnité légale de licenciement, sauf dispositions conventionnelles plus favorables (C. trav., art. L 1237-7).

L'appréciation des conditions de la mise à la retraite s'effectue à la date d'expiration du contrat de travail (Cass. soc. 10 octobre 2007, n° 06-42.781). Il incombe à l'employeur de prouver que le salarié peut bénéficier d'une pension de vieillesse au taux plein (Cass. soc. 17 septembre 2014, n° 13-14.944). Si les conditions de mise à la retraite ne sont pas réunies, la rupture du contrat de travail par l'employeur constitue un licenciement (C. trav., art. L 1237-8 - Cass. soc. 25 mars 1992 : Dr Soc., 1992, 436).

2. Le départ volontaire à la retraite

En cas de départ à la retraite à l'initiative du salarié, ce dernier doit en avertir son employeur et respecter un préavis équivalent à celui prévu en cas de licenciement (C. trav., art. L. 1237-10). Il s'agit d'un « acte unilatéral par lequel le salarié manifeste de façon claire et non équivoque sa volonté de mettre fin à son contrat de travail » (Cass. soc., 20 oct. 2015, n° 14-17.473).

Ce départ volontaire à la retraite est possible, au plus tôt, à l'âge auquel il est permis de faire liquider sa pension.

Tout salarié quittant volontairement l'entreprise pour bénéficier d'une pension de vieillesse a également droit à une indemnité de départ à la retraite. Le taux de cette indemnité varie en fonction de l'ancienneté du salarié dans l'entreprise. Ses modalités de calcul sont fonction de la rémunération brute dont il bénéficiait antérieurement (C. trav., art. L. 1237-9).

Les indispensables

- La retraite constitue un mode original de rupture de la relation de travail.
- La mise à la retraite et le départ volontaire se distinguent par l'auteur qui est à l'initiative de la rupture du contrat.
- La mise à la retraite est la rupture, à l'initiative de l'employeur, du contrat de travail du salarié qui a atteint l'âge ouvrant droit à une liquidation de pension de retraite à taux plein.
- Le départ à la retraite découle de la volonté du salarié, ayant atteint l'âge légal de départ à la retraite, de rompre son contrat de travail pour bénéficier de sa pension de retraite.

Cas pratique

Monsieur Guy Mauve vous interpelle. Il a 67 ans et son employeur souhaite le mettre à la retraite. Il déclare d'ailleurs n'avoir pas à justifier cette mise à la retraite. Il est grand temps, selon lui, que Guy laisse sa place aux jeunes ! Un mois avant son anniversaire, il lui a adressé un courrier lui demandant son accord, à formaliser sous quinzaine. L'employeur lui affirme qu'à défaut de réponse dans le délai imparti, son silence sera réputé être une acceptation de la rupture de son contrat de travail. Selon l'employeur, les conditions légales de mise à la retraite seront remplies à la date de la notification de la mise à la retraite.
Monsieur Mauve ne souhaite pas quitter l'entreprise et vous demande conseil.

Corrigé

L'âge à partir duquel l'employeur peut légalement procéder à la mise à la retraite d'office d'un salarié est fixé à 70 ans (C. trav., art. L. 1237-5). À compter de l'âge à partir duquel les assurés peuvent bénéficier d'une retraite au taux plein et avant 70 ans, le respect d'une procédure est nécessaire. L'employeur doit interroger le salarié par écrit, trois mois avant sa date anniversaire « sur son intention de quitter volontairement l'entreprise pour bénéficier d'une pension de vieillesse » (C. trav., art. L. 1237-5, al. 7). Le salarié dispose d'un délai d'un mois pour se déterminer. Soit il répond par la négative et il n'est pas possible de procéder à sa mise à la retraite immédiate. Soit il accepte et l'employeur peut enclencher la procédure de mise à la retraite. Soit il ne se manifeste pas : ce silence vaut acceptation.

Les conditions légales de mise à la retraite doivent s'apprécier à la date d'expiration du contrat de travail, c'est-à-dire, le cas échéant, au dernier jour du préavis, qu'il soit ou non exécuté, et non à la date de la notification de la mise à la retraite (Cass. soc. 10 octobre 2007, n° 06-42.781). L'employeur n'a pas à justifier la mise à la retraite d'un salarié dès lors qu'il avait respecté les dispositions du code du travail (Cass. soc. 26 nov. 2013, n° 12-21.758, 12-22.200, 12-24.690 et 12-22.208). La mise à la retraite d'office d'un salarié en dehors des cas autorisés par la loi constitue un licenciement (C. trav., art. L. 1237-8 ; Cass. soc., 28 févr. 2006, n° 04-40.303, *Bull. civ. V*, n° 90).

En l'espèce, l'employeur ne remplit manifestement pas les conditions de mise à la retraite prévues par le code du travail. Guy n'est donc pas lié par les délais qui lui sont imposés. Une requalification en licenciement, avec toutes conséquences de droit, pourra être invoquée par ce dernier.

Fiche 23

Les conséquences de la rupture du contrat de travail

▶ Objectifs de la fiche

- Comprendre ce qu'il advient lorsqu'une rupture du contrat de travail a lieu.

Références jurisprudentielles

- Cass. soc., 24 avril 1990, n° 87-44.102.
- Cass. soc., 13 avril 2016, n° 14-28.293.
- Cass. soc., 7 décembre 1999, n° 97-43106.

1. Obligations

Quel que soit le mode de rupture, diverses obligations administratives incombent à l'employeur, notamment délivrer certains documents au salarié. Il s'agit du solde de tout compte (C. Trav., art. L. 1234-20), du certificat de travail, de l'attestation Pôle emploi pour faire valoir les droits à l'assurance chômage, un écrit relatif à la portabilité des garanties de santé et de prévoyance et, le cas échéant, un état récapitulatif de l'épargne salariale et un bordereau individuel d'accès à la formation.

De même, l'employeur doit verser l'ensemble des sommes qui restent dues au salarié tel le salaire du mois en cours, les indemnités compensant les congés payés (acquis et non pris, etc.).

2. Reçu pour solde de tout compte

L'article L. 1234-20 du Code du travail énonce que « *le solde de tout compte, établi par l'employeur et dont le salarié lui donne reçu, fait l'inventaire des sommes versées au salarié lors de la rupture du contrat de travail* ». Il est remis en double exemplaire (C. trav., art. *D.* 1234-7), la forme du reçu étant libre. À défaut, le reçu ne produit aucun effet. Il est daté et signé. À défaut ou s'il est signé avec des réserves, il est dénué de valeur libératoire (Cass. soc. 24 avr. 1990, n° 87-44.102).

Il est purement facultatif pour le salarié.

Le reçu pour solde de tout compte peut « *être dénoncé dans les six mois qui suivent sa signature, délai au-delà duquel il devient libératoire pour l'employeur pour les sommes qui y sont mentionnées* » (C. trav., art. L. 1234-20). Cette dénonciation doit être faite par lettre recommandée (C. trav., art. *D.* 1234-8). Passé ce délai, les sommes qui y figurent ne peuvent plus être contestées.

3. Certificat de travail

L'article L. 1234-19 du Code du travail oblige l'employeur de délivrer, à l'expiration du contrat de travail, un certificat de travail. Parce qu'il est « quérable et non portable », le certificat de travail doit être tenu à la disposition du salarié.

En cas de non-délivrance, de remise tardive ou non conforme, l'entreprise peut être condamnée au paiement de dommages-intérêts réparant le préjudice subi par le salarié (Cass. soc. 29 mars 1979, n° 78-40.444, *Bull. civ.* V, n° 290 ; Soc., 11 janv. 2006, n° 04-41.231, *Bull. civ.* V, n° 6). La charge de la preuve incombe au salarié (Cass. soc. 24 janv. 1979, n° 77-40.266, *Bull. civ.* V, p. 54 ; Soc., 5 juill. 1982, n° 80-40.660). L'appréciation du préjudice relève du pouvoir souverain des juges du fond (Cass. soc. 13 avr. 2016, n° 14-28.293). La remise du certificat peut être ordonnée, sous astreinte, par le conseil de prud'hommes (art. R. 1454-14, C. trav. ; Soc., 9 janv. 1985, n° 83-45.188).

Au titre des sanctions pénales, l'article R. 1238-3 du Code du travail punit le fait de ne pas délivrer au salarié de certificat de travail d'une amende prévue pour la contravention de 4e classe.

4. Attestation Pôle emploi

L'attestation Pôle emploi a pour finalité de faire valoir ses droits aux prestations de chômage. La non-remise au salarié de ce document entraîne nécessairement un préjudice qui doit être réparé par les juges du fond (Cass. soc. 7 déc. 1999, n° 97-43106).

Les indispensables

- À l'occasion de la rupture du contrat de travail, l'employeur est tenu de délivrer certains documents au salarié, notamment le reçu pour solde de tout compte, le certificat de travail, l'attestation Pôle emploi.
- Le solde de tout compte est établi par l'employeur. Ce document, facultatif pour le salarié, fait l'inventaire des sommes qui lui sont versées lors de la rupture du contrat de travail. Daté et signé par le salarié, le reçu est établi en double exemplaire. À défaut ou s'il est signé avec des réserves, il est dénué de valeur libératoire.
- Le reçu pour solde de tout compte peut être dénoncé dans les six mois qui suivent sa signature, délai au-delà duquel il devient libératoire pour l'employeur pour les sommes qui y sont mentionnées. Passé ce délai, les sommes qui y figurent ne peuvent plus être contestées.
- À l'expiration du contrat de travail, un certificat de travail est délivré par l'employeur. Ce document est « quérable et non portable ». L'absence de délivrance, le retard dans la remise ou la remise d'un document non-conforme engage la responsabilité de l'employeur qui peut être condamné au paiement de dommages-intérêts réparant le préjudice subi par le salarié.
- L'attestation Pôle emploi permet au salarié licencié de faire valoir ses droits aux prestations de chômage. La non-remise au salarié de ce document entraîne nécessairement un préjudice pour le salarié.

Cas pratique

Salarié de la société QRS, M. Kzuba est licencié par cette dernière pour faute. Quittant définitivement l'entreprise après son préavis, le 4 mars 2016, il lui est remis le double du reçu pour solde de tout compte – qu'il refuse de signer – mentionnant la somme correspondant à son dernier mois de travail et le montant des indemnités de rupture. Mais, dans la précipitation, la société QRS omet de lui fournir son certificat de travail et l'attestation Pôle emploi. N'ayant pas eu son certificat de travail, M. Kzuba s'est vu refuser à plusieurs reprises des postes de travail.

Le 7 septembre 2016, M. Kzuba saisit le conseil de prud'hommes aux fins de remise, sous astreinte, de divers documents, notamment le certificat de travail et l'attestation Pôle emploi. M. Kzuba conteste également le montant de ses indemnités de licenciement. Ces documents sont remis par la société QRS lors de l'audience de conciliation. Toutefois, estimant que la remise tardive de ces documents lui causent un préjudice, M. Kzuba demande le versement de dommages-intérêts.

Corrigé

À propos du reçu pour solde de tout compte, la contestation est-elle recevable ?
Le reçu pour solde de tout compte peut « être dénoncé dans les six mois qui suivent sa signature, délai au-delà duquel il devient libératoire pour l'employeur pour les sommes qui y sont mentionnées » (C. trav., art. L. 1234-20). Par ailleurs, remis en double exemplaire (C. trav., art. *D.* 1234-7), le reçu doit être daté et signé par le salarié. À défaut, il est dénué de valeur libératoire (Cass. soc. 24 avr. 1990, n° 87-44.102). En l'occurrence, M. Kzuba a refusé de signer le reçu. Cela a pour effet de ne pas libérer la société QRS. La contestation portant sur les sommes indiquées sur le reçu est recevable.
À propos du certificat de travail et de l'attestation Pôle emploi, la remise à l'audience de conciliation prud'homale est-elle préjudiciable au salarié ?
Conformément à la jurisprudence, En cas de non-délivrance, de remise tardive ou non conforme, l'entreprise peut être condamnée au paiement de dommages-intérêts réparant le préjudice subi par le salarié (Cass. soc. 29 mars 1979, n° 78-40.444). Cependant, l'appréciation du préjudice relève du pouvoir souverain des juges du fond (Cass. soc. 13 avr. 2016, n° 14-28.293). M. Kzuba devra démontrer la matérialité de son dommage. Celui sera constitué par la perte de chance d'obtenir un emploi. Selon la jurisprudence, la non-remise au salarié de ce document entraîne nécessairement un préjudice qui doit être réparé par les juges du fond (Cass. soc. 7 déc. 1999, n° 97-43106). Par conséquent, le salarié est en droit d'obtenir le versement de dommage-intérêts.

Fiche 24

La liberté syndicale

▶ Objectifs de la fiche

- Définir la liberté syndicale.
- Identifier les principes de la liberté syndicale.
- Comprendre le contenu de la liberté individuelle et de la liberté collective.

Références jurisprudentielles

- Ch. mixte, 10 avril 1998 : *Bull. ch. mixte*, n° 2.
- Cass. soc. 28 mars 2000 : *TPS* 2000, 198.
- CE 31 mai 2007 : *JCP S*, 1638.

La liberté syndicale, liberté fondamentale (CE 31 mai 2007 : *JCP S*, 1638), vise tant la liberté collective de créer un syndicat que la liberté individuelle de défendre ses droits et ses intérêts par l'adhésion à un syndicat.

1. La liberté collective

Les syndicats ou associations professionnels de personnes exerçant la même profession, des métiers similaires ou des métiers connexes [...] peuvent se constituer librement (C. trav., art. L. 2131-2). Il n'est opéré aucun contrôle *a priori* sur la création d'un syndicat. Cependant, les fondateurs de tout syndicat professionnel déposent les statuts et les noms de ceux qui sont chargés de l'administration ou de la direction (C. trav., art. L. 2131-3). Ce dépôt permet au syndicat d'acquérir la capacité civile, lui permettant notamment d'ester en justice (C. trav., art. L. 2132-1 et s.). De plus, tout membre français d'un syndicat professionnel chargé de l'administration ou de la direction de ce syndicat doit jouir de ses droits civiques et n'être l'objet d'aucune interdiction, déchéance ou incapacité (C. trav., art. L. 2131-5).

La liberté syndicale vise également la liberté de dissoudre un syndicat. La dissolution peut être statutaire ou décidée par un vote en assemblée générale. Elle peut aussi intervenir en cas d'illicéité des dispositions statutaires ou en présence de fautes commises par les dirigeants et administrateurs.

L'objet du syndicat doit être licite : « les syndicats professionnels ont exclusivement pour objet l'étude et la défense des droits ainsi que des intérêts matériels et moraux, tant collectifs qu'individuels, des personnes mentionnées dans leurs statuts » (C. trav., art. L. 2131-1). Toute activité commerciale est interdite. De même, un syndicat ne peut être constitué pour exercer des activités exclusivement politiques ou religieuses. La jurisprudence précise qu'un groupement qui n'est que « l'instrument d'un parti politique dont il sert exclusivement les intérêts et les objectifs (en prônant des distinctions fondées sur la race, la couleur, l'ascendance, l'origine nationale ou ethnique), ne peut revendiquer la qualité de syndicat professionnel » (Ch. mixte, 10 avril 1998 : *Bull. ch. mixte*, n° 2).

2. La liberté individuelle

Tout salarié peut librement adhérer au syndicat professionnel de son choix (C. trav., art. L. 2141-1). L'employeur ne peut prendre en considération l'appartenance du travailleur à un syndicat ou l'exercice d'une activité syndicale pour arrêter ses décisions (C. trav., art. L. 2141-5). La preuve d'une discrimination syndicale est encadrée (C. trav., art. L. 1134-1- Cass. soc. 28 mars 2000 : TPS 2000, 198).

La liberté d'adhésion a pour corollaire la liberté de ne pas adhérer. Tout membre d'un syndicat professionnel peut s'en retirer à tout instant (C. trav., art. L. 2141-3). Surtout, il est interdit à l'employeur d'employer un moyen quelconque de pression en faveur ou à l'encontre d'une organisation syndicale (C. trav., art. L. 2141-7) ou de payer les cotisations à la place du salarié ou par prélèvement direct sur le salaire.

Les indispensables

- La liberté syndicale est une liberté fondamentale.
- Elle implique la liberté collective de créer un syndicat.
- Elle vise également la liberté de dissoudre un syndicat.
- La liberté syndicale renvoie à la liberté individuelle d'adhérer au syndicat de son choix ou de ne pas adhérer.

Cas pratique

Monsieur Sam Soule est délégué syndical dans une grande entreprise. Après un mouvement de grève, il a constaté que l'employeur avait sanctionné plus lourdement les représentants syndicaux. Ce n'est pas la première fois qu'il constate une telle injustice. Dernièrement, il a en fait personnellement les frais puisque son investissement syndical lui a été reproché lors de son entretien d'évaluation profesionnelle. Il faut toutefois avouer que cette appréciation n'a eu aucun impact négatif en termes de rémunération ou de promotion. De plus, l'employeur a récemment adressé des lettres ouvertes à l'ensemble des salariés, en discréditant ouvertement son action.
Ces comportements sont-ils identifiés juridiquement ? Peuvent-ils donner lieu à sanction ?

Corrigé

Selon l'article L. 1132-1 du code du travail, aucun salarié ne peut être sanctionné, licencié ou faire l'objet d'une mesure discriminatoire, directe ou indirecte, en raison de ses activités syndicales. L'employeur ne peut prendre en considération l'appartenance à un syndicat ou l'exercice d'une activité syndicale pour arrêter ses décisions en matière notamment de recrutement, de conduite et de répartition du travail, de formation professionnelle, d'avancement, de rémunération et d'octroi d'avantages sociaux, de mesures de discipline et de rupture du contrat de travail (C. trav., art. L. 2141-5). Est discriminatoire le fait de ne sanctionner, dans le cadre d'un mouvement de grève, que le seul délégué syndical (Cass. crim., 21 nov. 1989, n° 89-81.775) ou de le sanctionner plus lourdement que les autres salariés grévistes (Cass. crim., 7 févr. 1989, n° 87-91.818). La discrimination syndicale se manifeste aussi sur le terrain de la progression de carrière. Est discriminatoire le fait de prendre en considération l'exercice d'une activité syndicale dans l'évaluation de salariés même si l'appréciation n'a eu aucun impact en termes de rémunération ou de promotion (Cass. soc., 17 oct. 2006, n° 05-40.393).

Le régime probatoire en matière de discrimination syndicale résulte de l'article L. 1134-1 du Code du travail. Le salarié doit soumettre au juge les éléments de fait laissant supposer l'existence d'une discrimination syndicale (Cass. soc., 20 mai 2008, n° 06-45.556). L'employeur qui conteste la discrimination, doit établir que la disparité de situation constatée est justifiée par des éléments objectifs étrangers à toute discrimination fondée sur l'appartenance à un syndicat.

La victime d'une discrimination syndicale est en droit d'obtenir la réparation de son préjudice. Elle peut prétendre à des dommages et intérêts et peut revendiquer la nullité de l'acte discriminatoire (C. trav., art. L. 1132-4 et L. 2141-8). Le non-respect de l'article L. 2145-5 du Code du travail est passible d'une amende de 3 750 € et, en cas de récidive, d'une peine d'emprisonnement d'un an ainsi que d'une amende de 7 500 € (C. trav., art. L. 2146-2). Le Code pénal réprime également les discriminations qui consisteraient à refuser d'embaucher, à sanctionner ou à licencier une personne à raison de son activité syndicale (C. pén., art. 225-1).

De plus, il est interdit à l'employeur ou à ses représentants d'employer un moyen quelconque de pression en faveur ou à l'encontre d'une organisation syndicale (C. trav., art. L 2141-7). Cette disposition est d'ordre public. Toute mesure prise par l'employeur contrairement à cette disposition est considérée comme abusive et donne lieu à des dommages et intérêts (C. trav., art. L 2141-8). L'envoi de lettres ouvertes à l'ensemble des salariés afin de dénigrer un délégué syndical constitue un moyen de pression prohibé (Cass. crim., 19 novembre 2013, n° 12-82163).

En l'espèce, l'employeur se rend coupable de discrimination syndicale et de moyens de pression prohibés. Sous réserve de prouver la discrimination syndicale, la nullité des sanctions discriminatoires peut être sollicitée, outre des dommages et intérêts. Une sanction pénale est envisageable. S'agissant des moyens de pression, des dommages et intérêts sont possibles.

Fiche 25

La représentativité syndicale

▶ Objectifs de la fiche

- Comprendre les enjeux de la représentativité syndicale.
- Identifier les critères permettant de mesurer la représentativité syndicale.

Références jurisprudentielles

- Cass. soc., 29 février 2012, n° 11-13.748.
- Cass. soc., 14 novembre 2013, n° 12-29.984.

Se définissant comme l'aptitude d'un syndicat à s'exprimer au nom d'une collectivité plus vaste que celle de ses adhérents, la représentativité a été réformée par la loi du 20 août 2008 portant rénovation de la démocratie sociale et réforme du temps de travail.

1. La mesure de la représentativité

Avant 2008, une distinction était opérée entre la représentativité présumée et prouvée. Dans le premier cas, certaines organisations étaient présumées représentatives au plan national en vertu d'arrêtés ministériels. À défaut de pouvoir bénéficier de cette présomption, le syndicat devait prouver sa représentativité en remplissant cinq critères cumulatifs : les effectifs, les cotisations, l'indépendance, l'expérience ou l'ancienneté et l'aptitude patriotique pendant l'occupation.

La loi de 2008 met fin à la présomption de représentativité. L'article L. 2121-1 du Code du travail prévoit que la représentativité est déterminée d'après sept critères : le respect des valeurs républicaines, l'indépendance, la transparence financière, une ancienneté minimale de deux ans dans le champ professionnel et géographique couvrant le niveau de négociation, l'influence, prioritairement caractérisée par l'activité et l'expérience, les effectifs d'adhérents et les cotisations et l'audience établie selon les niveaux de négociation. S'agissant de ce dernier critère, pour accéder à la représentativité dans une entreprise ou un établissement, un syndicat doit avoir recueilli au moins 10 % des suffrages exprimés au premier tour des dernières élections des titulaires au comité d'entreprise ou de la délégation unique du personnel ou, à défaut, des délégués du personnel, quel que soit le nombre de votants (C. trav., art. L. 2122-1). Des dispositions spécifiques de représentativité existent pour la branche et le niveau national interprofessionnel.

La Cour de cassation considère que, si les sept critères doivent être tous réunis pour établir la représentativité, ils ne s'apprécient pas de la même façon (Cass. soc., 29 février. 2012, n° 11-13.748). Les critères tenant au respect des valeurs républicaines, à l'indépendance et à la transparence financière doivent être satisfaits de manière autonome. Les autres critères doivent faire l'objet d'une appréciation globale. La Cour précise que les critères qui doivent être satisfaits de manière autonome doivent l'être de manière permanente. Les autres sont appréciés pour la durée du cycle électoral (Cass. soc., 14 novembre 2013, n° 12-29.984).

2. Les enjeux

Au niveau de l'entreprise, la satisfaction des critères confère aux syndicats le droit de désigner des délégués syndicaux et de négocier des accords collectifs. Les syndicats qui remplissent les critères de respect des valeurs républicaines, d'indépendance et d'ancienneté minimale de deux ans peuvent créer une section syndicale, présenter des candidats au premier tour des élections et désigner un représentant de la section syndicale. Ces prérogatives leur permettent de s'implanter dans l'entreprise pour devenir, à terme, représentatifs.

Les indispensables

- La représentativité se définit comme l'aptitude juridiquement reconnue à une organisation syndicale à exprimer et défendre les intérêts de tous les salariés, qu'ils soient syndiqués ou non syndiqués.
- Les prérogatives attachées à cette qualité sont importantes.
- La loi du 20 août 2008 a modifié en profondeur les règles relatives à la représentativité en abandonnant la présomption qui existait jusqu'alors.
- Sept critères de représentativité, diversement appréciés par la Cour de cassation, doivent être remplis.

Cas pratique

Les dernières élections pour le comité d'entreprise ont eu lieu la semaine dernière. La CGT a obtenu 40 % des 321 inscrits, FO a obtenu 20 % et la CFDT a obtenu 20 % également. Trois syndicats ont obtenu moins de 10 % : SUD a obtenu 6 %, la CFTC a obtenu 9,7 % et la CGC a obtenu 4 %. La CFTC invoque la présomption irréfragable de représentativité pour participer aux prochaines négociations. Qui pourra désigner un délégué syndical pour négocier les accords collectifs dans l'entreprise ? À quelles conditions ?

Corrigé

Seules les organisations syndicales représentatives dans l'entreprise peuvent valablement négocier des accords collectifs d'entreprise (C. trav., art. L. 2232-16). Il importe donc de déterminer les syndicats représentatifs dans l'entreprise.

Avant 2008, les grandes centrales syndicales – CGT, CFDT, CGT-FO, CFTC et CFE-CGC – et les syndicats qui leur étaient affiliés bénéficiaient d'une présomption de représentativité de plein droit à tous les niveaux. Cette présomption irréfragable leur permettait d'exercer les prérogatives attachées à la représentativité sans que celle-ci puisse être remise en cause. La loi de 2008 a mis fin à la présomption irréfragable. Désormais, la représentativité des organisations syndicales est déterminée d'après les sept critères cumulatifs visés à l'article L. 2121-1 du code du travail.

Le critère de l'audience est décisif. Il est évalué à partir des suffrages obtenus par chaque syndicat aux élections professionnelles, selon des modalités adaptées à chaque niveau. Dans les entreprises, cette audience doit être au moins égale à 10 % des suffrages exprimés. Elle peut faire l'objet d'une appréciation globale par le juge avec l'influence, les effectifs d'adhérents et les cotisations, ainsi que l'ancienneté (Cass. soc., 29 février 2012, n° 11-13.748).

En cas de contentieux, le syndicat contesté sur sa représentativité doit démontrer qu'il remplit les critères légaux (Cass. soc., 4 mai 1994, n° 92-60.369 et 92-60.396) sous deux réserves. C'est à celui qui conteste de rapporter la preuve du non-respect du critère de respect des valeurs républicaines (Cass. soc., 8 juillet 2009, n° 08-60.599). Le critère d'indépendance est aussi présumé (Cass. soc. 22 juillet 1981 : *D.* 1982, IR, 391).

En l'espèce, la négociation des accords collectifs suppose d'avoir la qualité de syndicat représentatif. La CFTC ne peut invoquer la présomption de représentativité, supprimée par le législateur en 2008.

Les syndicats qui veulent participer aux négociations doivent donc remplir les critères, cumulatifs, prévus par le code du travail. Le critère prépondérant est celui de l'audience (10 % des suffrages exprimés au premier tour des dernières élections des titulaires au comité d'entreprise ou de la délégation unique du personnel ou, à défaut, des délégués du personnel au niveau de l'entreprise), ce qui exclut de fait le syndicat SUD et la CGC. Pour les autres syndicats, la représentativité sera appréciée selon les règles jurisprudentielles en vigueur.

Fiche 26

La conclusion d'une convention ou d'un accord collectif

▶ Objectifs de la fiche

- Maîtriser les règles encadrant la conclusion d'une convention ou d'un accord collectif.

Références jurisprudentielles

- Cass. soc., 9 juillet 1996, n° 95-13.010 ; *Bull. civ. V*, n° 269.
- Cass. soc., 8 juillet 2009, n° 08-41.507 ; *JCP S*, 1468, note J.-Y. Kerbouc'h.
- Cass. soc., 4 février 2014, n° 12-35.333. ; *JCP S*, 1218, note E. Jeansen ; *Dr. soc.*, p. 483, note F. Petit.

1. Les parties

Source professionnelle du droit du travail, la convention ou l'accord collectif a pris une importance considérable dans l'organisation des relations de travail. La convention ou l'accord collectif est conclu entre une partie patronale et une partie salariale. Du côté patronal, sont habilités à négocier et à conclure des conventions et accords collectifs un ou plusieurs employeurs pris individuellement, une ou plusieurs organisations syndicales d'employeurs ou tout autre groupement d'employeurs. Du côté salarial, sont habilitées à négocier et à conclure des conventions et accords collectifs, une ou plusieurs organisations syndicales de salariés représentatives dans le champ d'application de la convention ou de l'accord. Pour être représentatif dans l'entreprise, un syndicat doit avoir recueilli au moins 10 % des suffrages exprimés ; au niveau de la branche, le taux est de 8 %.

2. Forme et publicité

La convention ou l'accord collectif doit faire l'objet d'un écrit en français à peine de nullité et cet écrit doit être signé par les parties. Il doit ensuite donner lieu à une publicité. Ainsi, il doit être déposé auprès de l'administration du travail. Par ailleurs, l'employeur doit tenir un exemplaire de la convention ou de l'accord collectif à la disposition des salariés et ces derniers doivent être avertis de cette mise à disposition par tout moyen. Enfin, la partie la plus diligente des organisations signataires doit en notifier le texte à l'ensemble des organisations représentatives à l'issue de la procédure.

3. Condition majoritaire

La conclusion d'une convention ou d'un accord collectif exige une majorité d'engagement relative tout en prévoyant un droit d'opposition au profit des syndicats majoritaires. Ainsi, la validité d'une convention ou d'un accord collectif est soumise à deux conditions cumulatives : leur signature par un ou plusieurs syndicats représentatifs ayant recueilli au mois 30 % des suffrages aux élections professionnelles dans le champ d'application de la négociation et l'absence d'opposition d'un ou plusieurs syndicats représentatifs ayant recueilli la majorité des suffrages aux mêmes élections. Avec la loi du 8 août 2016, l'accord d'entreprise majoritaire (50 % des suffrages) devient le principe mais un accord peut toutefois être conclu avec des syndicats représentant plus de 30 % des suffrages s'il est validé par les salariés. Ces règles s'appliquent dès à présent pour les accords de préservation ou de développement de l'emploi visés au nouvel article L. 2254-2 du code du travail, à compter du 1er janvier 2017 pour les accords portant sur la durée du travail, les repos et les congés et à compter du 1er septembre 2019 pour les autres accords

4. Règles particulières

Afin de permettre aux entreprises de négocier des conventions ou des accords collectifs, des règles particulières ont été instaurées. Pour les entreprises dotées de délégués syndicaux, le code du travail réserve le droit de participer à la négociation collective aux organisations syndicales de salariés représentatives de salariés dans les conditions évoquées ci-dessus. Pour les entreprises dépourvues de délégué syndical, des accords collectifs (mais pas une convention collective) peuvent être négociés et conclus dans des conditions strictement encadrées avec les représentants élus du personnel au comité d'entreprise, à la délégation unique du personnel ou, à défaut, avec les délégués du personnel mandatés (C. trav., L. 2232-21 et s.) ou non mandatés (C. trav., L. 2232-22) voire avec le représentant de la section syndicale (C. trav., L. 2143-23).

Les indispensables

- Source professionnelle du droit du travail, la convention ou l'accord collectif est conclu entre une partie patronale et une partie salariale.
- Du côté patronal, sont habilités à négocier et à conclure des conventions et accords collectifs un ou plusieurs employeurs pris individuellement, une ou plusieurs organisations syndicales d'employeurs ou tout autre groupement d'employeurs.
- Du côté salarial, sont habilitées à négocier et à conclure des conventions et accords collectifs, une ou plusieurs organisations syndicales de salariés représentatives dans le champ d'application de la convention ou de l'accord.
- La convention ou l'accord collectif doit faire l'objet d'un écrit en français à peine de nullité et cet écrit doit être signé par les parties.
- La convention ou l'accord collectif doit donner lieu à une publicité et le texte doit être notifié à l'ensemble des organisations représentatives à l'issue de la procédure de conclusion.
- La validité d'une convention ou d'un accord collectif est soumise à deux conditions cumulatives : leur signature par un ou plusieurs syndicats représentatifs ayant recueilli au mois 30 % des suffrages aux élections professionnelles dans le champ d'application de la négociation et l'absence d'opposition d'un ou plusieurs syndicats représentatifs ayant recueilli la majorité des suffrages aux mêmes élections.
- Avec la loi du 8 août 2016, l'accord d'entreprise majoritaire (50 % des suffrages) devient le principe mais un accord peut toutefois être conclu avec des syndicats représentant plus de 30 % des suffrages s'il est validé par les salariés. Ces règles s'appliquent dès à présent pour les accords de préservation ou de développement de l'emploi visés au nouvel article L. 2254-2 du code du travail, à compter du 1er janvier 2017 pour les accords portant sur la durée du travail, les repos et les congés et à compter du 1er septembre 2019 pour les autres accords.
- Afin de permettre aux entreprises de négocier des conventions ou des accords collectifs, des règles particulières ont été instaurées pour les entreprises dépourvues de délégués syndicaux pour leur permettre de négocier des accords d'entreprises avec des salariés mandatés ou non mandatés voire des représentants de la section syndicale.

Cas pratique

La société WOODY est historiquement une entreprise de menuiserie. Son effectif est de 200 salariés. Trois organisations syndicales sont présentes dans l'entreprise : la CGT, FO et la CFDT. Chacune a désigné un délégué syndical. La CFDT a obtenu 31 % des voix au premier tour des élections du comité d'entreprise, la CGT 42 % et FO 27 %. La société WOODY a récemment réorienté ses activités vers la fabrication de balançoires en bois. Pour faire face à ses nouvelles contraintes, elle a souhaité mettre en place un dispositif d'aménagement du temps de travail. Pour faciliter les négociations, la société WOODY a intégré dans l'accord l'attribution d'une prime de treizième mois à tous les salariés. Il est néanmoins prévu que la validité de l'accord dépend de sa signature par toutes les organisations syndicales. L'accord vient d'être signé par l'employeur et la CFDT. Les syndicats CGT et FO sont clairement opposés à cet accord mais ils n'envisagent pas d'exercer leur droit d'opposition dans la mesure où, selon eux, faute d'unanimité, il n'est pas valable. Qu'en pensez-vous ?

Corrigé

Le cas pratique conduit à s'interroger sur les règles applicables pour la conclusion d'un accord collectif. Il implique de revenir sur les parties pouvant conclure un accord avant de s'intéresser à la condition majoritaire.

La convention ou l'accord collectif est conclu entre une partie patronale et une partie salariale. Du côté patronal, sont habilités à négocier et à conclure des conventions et accords collectifs un ou plusieurs employeurs pris individuellement, une ou plusieurs organisations syndicales d'employeurs ou tout autre groupement d'employeurs. Du côté salarial, sont habilitées à négocier et à conclure des conventions et accords collectifs, une ou plusieurs organisations syndicales de salariés représentatives dans le champ d'application de la convention ou de l'accord (C. trav., L. 2231-1). Pour être représentatif dans l'entreprise, un syndicat doit avoir recueilli au moins 10 % des suffrages exprimés au premier tour des élections du comité d'entreprise (C. trav., L. 2122-1). En l'espèce, la CFDT a signé l'accord avec l'employeur. La CDT est représentative puisqu'elle a recueilli 31 %. L'accord est donc signé entre deux parties habilitées.

S'agissant de la condition majoritaire, la validité d'une convention ou d'un accord collectif est soumise à deux conditions cumulatives : leur signature par un ou plusieurs syndicats représentatifs ayant recueilli au mois 30 % des suffrages aux élections professionnelles dans le champ d'application de la négociation (C. trav., L. 2332-12) et l'absence d'opposition d'un ou plusieurs syndicats représentatifs ayant recueilli la majorité des suffrages aux mêmes élections (C. trav., L. 2231-9). Il a été jugé que les conditions de validité d'un accord collectif étant d'ordre public, un tel accord ne peut subordonner sa validité à des conditions de majorité différentes de celles prévues par la loi et exiger, notamment, sa signature par toutes les organisations syndicales dans l'entreprise (Cass. soc., 4 févr. 2014, n° 12-35.333). Dès lors, ni l'employeur, ni la CGT, ni FO, ne peuvent considérer que l'accord n'est pas valable faute d'avoir été signé par toutes les organisations syndicales présentes dans l'entreprise. L'accord ayant été signé par l'employeur et la CFDT qui a obtenu au moins 30 %, l'accord est valable faute d'opposition. En conséquence, les syndicats CGT et FO refusent l'entrée en application de l'accord, ils doivent exercer leur droit d'opposition. En effet, à eux deux, la CGT et FO ont recueilli la majorité des suffrages aux dernières élections. L'opposition doit être exprimée par écrit, être motivée, préciser les points de désaccords et être notifiée aux signataires (C. trav., L. 2231-8).

Fiche 27

Le contenu de la convention collective

▶ Objectifs de la fiche

- Comprendre quels sont les aspects de la relation de travail réglementés par la convention collective.

Références jurisprudentielles

- CE, avis, 22 mars 1973, Dr soc. 1973. 514.
- Cass. soc., 13 décembre 2006, n° 05-44.073, *Bull. civ. V*, n° 374.
- Cass. soc., 2 avril 2014, n° 11-25.698.

Les conventions et accords collectifs de travail déterminent leur champ d'application territorial et professionnel défini en termes d'activités économiques (C. trav., art. L. 2222-1). Les thèmes de négociation n'ont de limites que l'imagination des parties à la négociation : le temps de travail, le salaire et ses accessoires, la classification professionnelle, les modalités de rupture des contrats de travail, l'égalité de traitement entre hommes et femmes, la prévoyance, etc.

Cela étant, depuis l'entrée en vigueur de la loi Travail du 8 août 2016, le contenu des conventions collectives a été encadré pour renforcer le dialogue social. Elles prévoient les modalités de prise en compte, dans la branche ou l'entreprise, des demandes relatives aux thèmes de négociation émanant d'une ou des organisations syndicales de salariés représentatives. Elle définit le calendrier des négociations en adaptant les périodicités des négociations obligatoires (C. trav., art. L. 2222-3).

La convention ou l'accord précise également la nature des informations partagées entre les négociateurs, notamment, au niveau de l'entreprise, en s'appuyant sur la base de données sociales. La convention ou l'accord définit les principales étapes du déroulement des négociations et peut prévoir des moyens supplémentaires ou spécifiques (volume de crédits d'heures des représentants syndicaux, modalités de recours à l'expertise).

Sauf si la convention ou l'accord en stipule autrement, la méconnaissance de ses stipulations n'est pas de nature à entraîner la nullité des accords conclus dès lors qu'est respecté le principe de loyauté entre les parties (C. trav., art. L. 2222-3-1).

Enfin, la convention ou l'accord contient un préambule présentant de manière succincte ses objectifs et son contenu, sans que l'absence de préambule n'entraîne la nullité (C. trav., art. L. 2222-3-3).

Sur le fond, tout texte conventionnel se doit de respecter l'ordre public absolu, c'est-à-dire les règles impératives auxquels il ne peut être dérogé y compris dans un sens favorable au salarié, comme attribuer de nouvelles fonctions aux inspecteurs du travail (CE, avis, 22 mars 1973, *Dr. soc.* 1973. 514 ; Soc. 19 déc. 1989, *Bull. civ. V*, n° 719 ; Soc., 12 juill. 2006, *Bull. civ. V*, n° 258), ou prévoir des clauses d'indexation (Cass. soc. 13 déc. 2006, n° 05-44.073, *Bull. civ. V*, n° 374).

En outre, en principe, le texte conventionnel est conclu pour établir des règles plus favorables au salarié que celles des dispositions légales en vigueur. Dans le même temps, il ne peut déroger aux dispositions qui revêtent un caractère d'ordre public (C. trav., art. L. 2251-1). À cet égard, dans un certain nombre de domaines (durée du travail, congés et aménagement des horaires), sont définies les règles d'ordre public, le champ de la négociation collective et les règles supplétives applicables en l'absence d'accord (C. trav., art. L. 3111-3).

Exceptionnellement, une convention de branche ou un accord professionnel ou interprofessionnel peut comporter des stipulations moins favorables aux salariés sous certaines conditions (C. trav., art. L. 2252-1).

Les indispensables

- Le contenu de la convention collective est vaste. Il vise aussi bien le temps de travail, le salaire et ses accessoires, la classification professionnelle, que les modalités de rupture des contrats de travail (licenciement, démission, etc.), l'égalité de traitement entre hommes et femmes, la prévoyance, etc.
- Disposant éventuellement d'un préambule, le texte conventionnel comporte les dispositions propres à améliorer le dialogue social (calendrier et déroulement des négociations, échanges d'information, etc.).
- La convention collective doit respecter les règles d'ordre public absolu, c'est-à-dire les règles impératives auxquels il ne peut être dérogé y compris dans un sens favorable au salarié.
- En principe, en vertu du principe de faveur, la convention collective est conclue pour établir des règles plus favorables au salarié.
- Toutefois, dans certains cas, une convention collective peut contenir des dispositions moins favorables au salarié.

Cas pratique

Le 25 janvier 2014, M. Quinn a été engagé par la société d'import-export Newa France en qualité de directeur commercial par contrat de travail à durée indéterminée. Début 2016, après avoir consulté les délégués du personnel et lu le contenu de la convention collective applicable à son entreprise, M. Quinn se rend compte que son salaire est censé être indexé automatiquement sur le taux d'inflation et donc révisé à la hausse chaque année en fonction de ce taux. Y voyant un manque à gagner, M. Quinn saisit le conseil de prud'hommes pour obtenir un rappel de ses salaires majorés de l'indexation manquante.

Corrigé

Une clause d'indexation du salaire sur le taux d'inflation insérée dans une convention collective est-elle valable ?
Une convention collective se doit de respecter l'ordre public absolu, c'est-à-dire les règles impératives auxquels il ne peut être dérogé y compris dans un sens favorable au salarié. Il ressort d'une jurisprudence traditionnelle que la convention collective ne peut jamais prévoir de clauses d'indexation (Cass. soc. 13 déc. 2006, n° 05-44.073, *Bull. civ.* V, n° 374).
En l'espèce, la convention litigieuse comporte une clause d'indexation automatique du salaire sur le taux d'inflation. Ce genre de clause étant interdit, M. Quinn ne pourra pas obtenir son rappel de salaire et sera débouté de son action.

Fiche 28

La remise en cause d'une convention collective

▶ Objectifs de la fiche

- Comprendre comment une convention collective peut être remise en cause et quel est le sort des avantages prévus par cette convention.

Références jurisprudentielles

- Cass. soc., 8 juin 2011, *JCP S*, 1407, note F. Dumont ; RDT 2011, p. 652.
- Cass. soc., 5 novembre 2014, *JCP S*, 1028, note G. Vachet.
- Cass. soc., 14 mai 1992, *RJS*, n° 768.

Un accord collectif peut être conclu pour une durée déterminée ou indéterminée. Dès lors qu'il a été conclu après la loi du 9 août 2016, un accord collectif qui ne précise pas sa durée est considéré comme un accord à durée déterminée, conclu pour 5 ans (C. trav., art. L. 2222-4). La remise en cause d'une convention collective à durée indéterminée se décline en 3 hypothèses que nous allons envisager successivement.

1. La révision

L'article L. 2222-5 du Code du travail affirme que la convention ou l'accord collectif de travail prévoit les formes et le délai de révision. Toutes les organisations syndicales doivent être convoquées à la table des négociations. Toutefois, l'accord de révision ne peut être signé que par les signataires originaux. La révision d'une convention collective est d'application immédiate : les dispositions antérieures cessent de produire effet même si elles étaient plus favorables aux salariés.

2. La dénonciation

La convention collective doit toujours être dénoncée dans son entier sauf stipulation contraire. La dénonciation peut provenir soit des syndicats signataires soit de l'employeur. Lorsque la dénonciation émane seulement d'une partie des syndicats signataires, la convention collective continue à s'appliquer avec les autres parties signataires. Les auteurs de la dénonciation doivent respecter un préavis qui ne peut être inférieur à 3 mois.

Lorsque la convention collective a été dénoncée, elle continue à s'appliquer tant qu'une nouvelle convention n'a pas été signée. Cette survie de la convention collective dénoncée ne peut cependant pas se prolonger au-delà d'un an à compter de l'expiration du préavis. Après ce délai, en cas d'échec des négociations, les salariés conservent leur rémunération antérieure. Avant la loi du 8 août 2016, les salariés conservaient les avantages individuels acquis, notion plus large que la rémunération. En revanche, si une nouvelle convention collective est conclue dans le délai d'un an, l'ancienne convention collective cesse définitivement de recevoir application. Toutefois, la nouvelle convention collective peut contenir une clause prévoyant le maintien des avantages acquis au titre de l'ancienne convention collective.

3. La mise en cause

En cas de transfert d'entreprise (fusion, cession…), la loi encourage la conclusion d'une nouvelle convention. Pendant un an maximum à compter de l'expiration du préavis, la convention d'entreprise qui s'appliquait au personnel est maintenue, même si le nouvel employeur est assujetti à une autre convention. Pendant ce délai, les partenaires sociaux doivent négocier un nouvel accord. Au-delà de ce délai, en cas d'échec des négociations, les salariés conservent leur rémunération antérieure.

Les indispensables

- L'avenant portant révision de la convention collective se substitue de plein droit aux stipulations de la convention qu'il modifie et est opposable à l'ensemble des salariés.
- Lorsque la convention collective est dénoncée, elle continue à produire effet jusqu'à l'entrée en vigueur de la convention qui lui est substituée ou, à défaut, pendant une durée d'un an à l'expiration du préavis. En l'absence de signature d'une nouvelle convention collective dans le délai d'un an à compter de l'expiration du préavis, les salariés conservent leur rémunération antérieure.
- Lorsque la convention collective est mise en cause dans le cadre d'un transfert d'entreprise, une négociation doit s'engager. La convention collective mise en cause continue de produire effet jusqu'à l'entrée en vigueur de la convention qui lui est substituée ou, à défaut, pendant une durée d'un an à compter de l'expiration du préavis.

Cas pratique

L'entreprise HERON, qui emploie 350 salariés, est liée par une convention d'entreprise, signée le 12 mai 2014. Cette convention octroie à l'ensemble de ses salariés une sixième semaine de congés payés. Elle prévoit aussi le versement d'une prime annuelle de fidélité de 1 200 €. L'entreprise HERON a racheté le 5 janvier 2016 l'entreprise LEMERLE qui comprend 100 salariés. L'entreprise LEMERLE appliquait à ces derniers une convention collective d'entreprise n'octroyant pas une sixième semaine de congés payés. En revanche, cette convention prévoyait le versement d'une prime annuel de fidélité de 1 500 €. Depuis plusieurs semaines, des négociations sont engagées pour unifier les statuts mais pour l'instant aucun accord n'a été signé. Les anciens salariés de l'entreprise LERMERLE souhaite conserver la prime de 1 500 € mais aussi obtenir une sixième semaine de congés payés. Dans l'attente d'une nouvelle convention collective, le directeur, Monsieur LACUM, décide d'appliquer aux anciens salariés de l'entreprise LEMERLE, la convention collective qui avait été négociée au sein de cette entreprise. Ces derniers sont furieux et décide de saisir le conseil de prud'hommes.

Corrigé

La loi prévoit qu'en cas de changement d'employeur, la convention collective qui bénéficiait au personnel de l'entreprise rachetée, est provisoirement maintenue. Plus précisément, à compter de l'expiration du préavis qui ne peut être inférieur à trois mois, les salariés continuent à bénéficier de leur convention collective pendant un délai d'un an maximum. Pendant ce délai d'un an, une négociation doit s'engager, l'objectif étant d'aboutir à une nouvelle convention collective. Et si aucune convention collective n'est conclue dans le délai précité, les salariés conservent leur rémunération antérieure.

Une difficulté s'est toutefois posée. Est-il nécessaire de négocier une nouvelle convention collective si l'entreprise d'accueil est déjà liée par une convention collective ? Autrement dit, on pourrait considérer que la convention collective de l'entreprise d'accueil se substitue immédiatement à la convention collective qui s'appliquait aux salariés de l'entreprise transférée. Après avoir hésité, la Cour de cassation rejette aujourd'hui cette solution au motif que la loi invite à négocier une nouvelle convention. Celle-ci doit être le résultat d'une négociation engagée au sein de l'entreprise : une convention collective préexistante ne répond pas à cette exigence (Cass. soc., 14 mai 2012, *RJS* 2012, n° 768).

La solution retenue par la Cour de cassation a pour conséquence qu'on applique aux salariés de l'entreprise absorbée, pendant le temps de la négociation, deux conventions collectives : la convention collective de l'entreprise absorbée et la convention collective de l'entreprise d'accueil. Cette application cumulative connaît toutefois une limite : on ne peut pas cumuler les avantages ayant le même objet ou la même cause. Dans ce cas, c'est uniquement l'avantage le plus favorable qui s'applique. Dans notre affaire, les salariés peuvent donc réclamait le versement de la prime de fidélité de 1 500 €, celle-ci étant évidemment plus intéressante que la prime de 1 200 € prévue par la convention collective de l'entreprise d'accueil. Ils peuvent également bénéficier des 6 semaines de congés payés.

Fiche 29

Les élections dans l'entreprise

▶ Objectifs de la fiche

- Maîtriser le déroulement des opérations électorales.

Références jurisprudentielles

- Cass. soc., 15 janvier 2002, *RJS* 2002, n° 452.
- Cass. soc., 5 décembre 2000, *RJS* 2001, n° 213.

1. Seuils d'effectifs et cadre d'implantation

Le personnel de l'entreprise doit être suffisamment important pour justifier la mise en place des institutions représentatives du personnel (IRP). Le seuil d'effectif requis est de 11 salariés pour la mise en place des délégués du personnel et de 50 salariés pour la mise en place d'un comité d'entreprise. La mise en place des institutions précitées n'est obligatoire que si l'effectif a été atteint pendant 12 mois, consécutifs ou non, au cours des 3 années précédant la date des élections.

L'IRP doit être instaurée dans un cadre adapté à sa mission. On peut distinguer 2 cadres d'implantation. Le premier cadre d'implantation est l'établissement distinct. La situation est celle d'une entreprise qui comprend plusieurs établissements ; on songe par exemple à une entreprise qui a son siège social à Paris et plusieurs magasins en province. Faut-il mettre en place les IRP au niveau des établissements ou au niveau de l'entreprise ? On va retenir le cadre qui permet à l'institution en cause d'exercer au mieux sa mission. Et en principe, la reconnaissance d'un établissement distinct s'établit par accord entre l'employeur et les organisations syndicales. Le deuxième cadre d'implantation est l'unité économique et sociale (UES). Plusieurs sociétés juridiquement distinctes peuvent avoir des liens plus ou moins étroits. La jurisprudence regroupe parfois ces sociétés en considérant qu'elles forment une UES. L'intérêt de ce regroupement est de satisfaire aux conditions de seuils d'effectifs nécessaires pour mettre en place les IRP. L'unité économique suppose une concentration du pouvoir de direction et une identité ou une complémentarité des activités. Quant à l'unité sociale, elle exige une communauté de travail entre les sociétés distinctes. L'UES peut être reconnue soit par décision de justice soit par accord entre les organisations syndicales et les employeurs.

2. Le déroulement des élections professionnelles

Le mandat des délégués du personnel et des membres élus du comité d'entreprise est de 4 ans. L'initiative des élections incombe à l'employeur. L'organisation des élections implique la conclusion d'un accord préélectoral entre les syndicats et l'employeur.

Pour être électeur, il faut être âgé de 16 ans et être lié à l'employeur par un contrat de travail. Il faut également avoir travaillé depuis au moins 3 mois dans l'entreprise. Pour être éligible, il faut d'abord posséder la qualité d'électeur. L'éligibilité suppose aussi d'être âgé de 18 ans et de ne pas avoir de lien de parenté avec l'employeur. Il faut également travailler dans l'entreprise, de façon continue ou non, depuis au moins un an.

Au premier tour des élections professionnelles, seuls les syndicats qui ont participé à la négociation du protocole préélectoral peuvent présenter des candidats. Un deuxième tour doit être organisé si le nombre de votants au premier tour est inférieur à la moitié du nombre des électeurs inscrits. Au second tour, les candidatures sont libres, il n'y a plus de monopole syndical.

Les indispensables

- Les délégués du personnel sont obligatoires dans les entreprises employant 11 salariés et plus. La constitution des comités d'entreprise s'impose dans les entreprises employant au moins 50 salariés.
- Pour satisfaire aux seuils d'implantation des institutions représentatives du personnel, des sociétés juridiquement distinctes peuvent être regroupées dès lors qu'elles constituent entre elles une unité économique et sociale.
- Les élections des délégués du personnel et des membres du comité d'entreprise se déroulent tous les quatre ans.

Cas pratique

Gaspard vient d'épouser Amandine. Gaspard dirige une société de 20 personnes qui est chargée de fournir du matériel médical à un centre de soins. Tout va pour le mieux car le centre de soins, qui comprend 35 personnes, est dirigé par son épouse Amandine. La société de Gaspard et le centre de soins ont les mêmes associés. Par ailleurs, les salariés bénéficient des mêmes avantages sociaux. Ils sont aussi soumis au même règlement intérieur. Un jour, les organisations syndicales des deux sociétés ont saisi le tribunal d'instance pour faire reconnaître l'existence d'une unité économique et sociale, le but étant de mettre en place un comité d'entreprise. Le couple ne comprend pas cette démarche.

Corrigé

La jurisprudence regroupe parfois plusieurs sociétés juridiquement distinctes en considérant qu'elles forment une unité économique et sociale. L'intérêt de ce regroupement est de satisfaire aux conditions de seuils d'effectifs nécessaires pour mettre en place les institutions représentatives du personnel. Dans notre affaire, comme les syndicats veulent la création d'un comité d'entreprise, on doit pouvoir comptabiliser au moins 50 salariés. Comme le prévoit l'article L. 2322-4 du Code du travail, « lorsqu'une unité économique et sociale regroupant au moins 50 salariés est reconnue par convention ou par décision de justice entre plusieurs entreprises juridiquement distinctes, la mise en place d'un comité d'entreprise est obligatoire ». Pour retenir l'existence d'une unité économique et sociale, il faut caractériser à la fois l'unité économique et l'unité sociale.

L'unité économique suppose la réunion de deux critères. Il faut tout d'abord constater l'unicité de dirigeants, ce qui suppose un dirigeant unique ou encore des associés communs aux diverses sociétés. En l'espèce, cette condition est réunie car la société de Gaspard et le centre de soins d'Amandine ont les mêmes associés. Ensuite, il faut que les activités économiques des diverses sociétés soient identiques ou complémentaires. Dans notre affaire, il y a bien complémentarité des activités car la société de Gaspard est chargée de fournir du matériel médical au centre de soins dirigé par son épouse. L'unité économique étant caractérisée, il convient maintenant de s'interroger sur l'existence d'une unité sociale.

Pour caractériser l'unité sociale, la jurisprudence s'attache à démontrer qu'il y a communauté de travail entre des sociétés distinctes. Certains indices favorisent une telle reconnaissance : identité ou similitude des règlements intérieurs, des avantages, des systèmes de rémunération... La permutabilité du personnel entre les sociétés est aussi un indice fréquemment relevé. En l'espèce, on notera que les salariés des deux sociétés bénéficient des mêmes avantages sociaux et sont soumis au même règlement intérieur. Il existe donc bien une unité sociale.

Au terme de ce cas, on peut retenir l'existence d'une unité économique et sociale et en conséquence l'obligation pour les sociétés en cause de mettre en place un comité d'entreprise.

Fiche 30

Le comité d'entreprise

▶ Objectifs de la fiche

- Comprendre comment s'organise et fonctionne le Comité d'entreprise ainsi que ses missions et attributions dans l'entreprise.

Références jurisprudentielles

- Cass. soc., 12 novembre 1997, n° 96-12.314.
- Cass. soc., 17 juin 1997, *Bull. civ. V*, n° 223.
- Cass. soc., 4 juill. 2012, n° 11-19.678.

« Institution représentative du personnel élue régie par les articles L. 2321-1 et s. du Code du travail, le CE est obligatoirement créé lorsque l'entreprise, l'établissement ou l'UES compte au moins 50 salariés pendant douze mois, consécutifs ou non, au cours des trois années précédentes. Le CE est composé de l'employeur ou de son représentant – qui préside l'assemblée – et de représentants du personnel élus pour 4 ans renouvelable dont le nombre varie en fonction des effectifs de l'entreprise, et de représentants syndicaux. »

Deux champs de compétence lui sont attribués.

Premièrement, le CE gère les activités sociales et culturelles.

Deuxièmement, le CE dispose d'attributions économiques qui consistent à assurer une expression collective des salariés permettant la prise en compte permanente de leurs intérêts dans les décisions relatives à la gestion et à l'évolution économique et financière de l'entreprise, à l'organisation du travail, à la formation professionnelle et aux techniques de production. À cet égard, il est informé sur ces questions. Ces informations sont transmises en vue d'une consultation du CE qui va rendre un avis. Sauf pour les projets d'accord collectif, leur révision ou leur dénonciation, la décision du chef d'entreprise doit être précédée par la consultation du CE (C. trav., art. L. 2323-2). Dès lors, la consultation a lieu avant la décision qui « *s'entend d'une manifestation de volonté d'un organe dirigeant qui oblige l'entreprise* » (Cass. soc. 12 nov. 1997, n° 96-12.314). Si le projet nécessite des décisions successives, le comité d'entreprise doit être saisi avant chacune des décisions composant le processus de décision (Cass. soc. 7 févr. 1996, *Bull. civ. V*, n° 47).

Des sanctions sont prévues en cas de non-respect de ces prérogatives.

Au plan pénal, l'entrave à la création du CE est punie par un emprisonnement d'un an et de 7 500 euros d'amende. En revanche, l'entrave au fonctionnement régulier du CE est punie de 7 500 euros d'amende (C. trav., art. L. 2328-1).

Au plan civil, les sanctions consistent dans l'allocation de dommages-intérêts au CE et en la suspension de la décision de l'employeur tant que l'information/consultation du CE demeure irrégulière (Cass. soc. 17 juin 1997, *Bull. civ.* V, n° 223 ; Soc., 25 juin 2002, *Bull. civ.* V, n° 217).

Pour éviter le blocage des prises de décision par absence d'avis du CE, des délais sont imposés à ce dernier. À défaut d'accord entre l'employeur et la majorité des membres du CE, les délais varient, selon les matières, entre 1 et 4 mois (C. trav., art. R. 2323-1-1). Si le CE ne s'est pas prononcé dans ces délais, il est réputé avoir rendu un avis négatif (C. trav., art. L. 2323-3).

Enfin, pour les décisions relatives aux conditions de travail, à la santé et à la sécurité, la consultation du CHSCT doit être préalable à celle du CE (Cass. soc. 4 juill. 2012, n° 11-19.678).

Les indispensables

- Le CE est obligatoirement institué dans les entreprises, établissements et UES comptant au moins 50 salariés.
- Le CE gère les activités sociales et culturelles.
- Le CE dispose d'attributions économiques nécessitant son information et sa consultation. Le CE assure une expression collective des salariés permettant la prise en compte permanente de leurs intérêts dans les décisions relatives à la gestion et à l'évolution économique et financière de l'entreprise, à l'organisation du travail, à la formation professionnelle et aux techniques de production.
- La consultation du CE est un préalable obligatoire à toute décision de l'employeur.
- Une décision « s'entend d'une manifestation de volonté d'un organe dirigeant qui oblige l'entreprise ».
- Le CE doit rendre son avis dans un délai donné fixé, à défaut d'accord entre l'employeur et la majorité des membres du CE, selon les matières, entre 1 et 4 mois. Une fois le délai dépassé, le CE est réputé avoir rendu un avis négatif.
- Les décisions relatives aux conditions de travail, à la santé et à la sécurité nécessitent la consultation du CHSCT préalablement à celle du CE.
- Des sanctions pénales sont prévues en cas de non-respect des règles relatives à la création et au fonctionnement du CE.
- Des sanctions civiles sont prévues en cas de non-respect des prérogatives du CE : dommages-intérêts et suspension des décisions.

Cas pratique

La société Sugar Daddy, filiale à 100 % de la société Miel and C°, appartenant à la branche « traitement de sucre » du Groupe Miel and C°, est spécialisée dans le conditionnement et la production de friandises sucrées et autres confiseries. Elle sous-traite la production primaire des emballages de bonbons. Le Groupe Miel and C° signe avec le groupe Rocher un protocole de cession de sa branche « traitement de sucre », concernant notamment la société Bonbec (production de matière première), la société Dangaté (fabricant de produits colorants), les sociétés Karries et Roulette (société de négoce), à l'exception de la société Sugar Daddy. Or, la décision de mise en œuvre de ce protocole a un impact au sein de la société Dandy et entraîne la cession de ses droits sur un crédit-bail concernant un ensemble immobilier.
Par ailleurs, la société Sugar Daddy comporte quatre sites de production et souhaite fermer l'un de ses sites qui emploie 182 salariés.
Les représentants du personnel de la société Sugar Daddy, membres du comité d'entreprise, ont vent par leurs homologues de ses tractations et décident d'agir et de mener une guérilla judiciaire.

Corrigé

Dans cette espèce, quel doit être le rôle du comité d'entreprise ? quelles sont les décisions qui doivent faire l'objet d'une consultation ?
On rappellera que la décision du chef d'entreprise doit être précédée par la consultation du CE (C. trav., art. L. 2323-2). Cette consultation doit avoir lieu sur les décisions économiques intéressant l'entreprise qui prend la décision.
À cet égard, le comité d'entreprise de la société Dandy n'a pas à être consulté préalablement à la conclusion du protocole qui unit le Groupe Miel and C° et le groupe Rocher. En effet, la société n'est pas partie à la convention ; la conclusion de ce protocole ne résulte donc pas de sa décision. Quant à la cession des droits sur un crédit-bail concernant un ensemble immobilier, elle ne donne non plus lieu à consultation du CE car elle ne concerne pas la gestion économique et financière de l'entreprise (V. Soc., 15 avr. 2015, n° 13-27520) mais relève de sa gestion patrimoniale.
En revanche, la société Sugar Daddy souhaite fermer l'un de ses sites de production. Ce projet est relatif à l'évolution économique de l'entreprise. Dès lors, il est nécessaire que le CE de la société Sugar Daddy soit consulté avant toute décision définitive de fermeture du site visé.
À défaut, le CE peut demander – parce qu'il est doté de la personnalité juridique – la suspension de la décision de l'employeur tant que l'information/consultation du CE demeure irrégulière (Cass. soc. 17 juin 1997, *Bull. civ.* V, n° 223).

Fiche 31

Les délégués du personnel

▶ Objectifs de la fiche

- Connaître les règles relatives aux délégués du personnel.

Références jurisprudentielles

- Cass. soc., 2 avril 2003, n° 01-41.782.
- Cass. soc., 6 avril 2004, n° 02-40.498.
- Cass. soc., 17 juin 2009, n° 08-40.274 ; *JCP S*, 1363, note E. Jeansen.

1. Fonctions

Élus dans les entreprises de onze salariés et plus, les délégués du personnel ont pour mission de présenter toutes les réclamations individuelles ou collectives relatives aux salaires, à l'application du code du travail et des autres dispositions légales concernant la protection sociale, la santé et la sécurité, ainsi que des conventions et accords applicables dans l'entreprise. Ils peuvent saisir l'inspection du travail de toutes les plaintes et observations relatives à l'application des dispositions légales dont elle est chargée d'assurer le contrôle. Ils doivent être informés et consultés avant certaines décisions (par exemple sur le reclassement en présence d'une inaptitude d'origine professionnelle). Ils veillent au respect des libertés individuelles dans l'entreprise et peuvent exercer un droit d'alerte. Enfin, ils communiquent les suggestions et observations du personnel au comité d'entreprise et au comité d'hygiène, de sécurité et des conditions de travail lorsqu'ils existent. En l'absence de l'une ou l'autre de ces institutions, ils disposent d'attributions supplétives pour assurer leurs missions.

2. Modalités d'exercice

Les délégués du personnel doivent être reçus au moins une fois par mois par l'employeur et en cas d'urgence. Les demandes des délégués du personnel et les réponses motivées de l'employeur figurent sur un registre spécial ou y sont annexées. Des réunions peuvent également se tenir sur demande. Les délégués du personnel peuvent circuler librement à l'intérieur de l'entreprise pendant les heures de délégation ou en dehors de leurs horaires de travail. Ils peuvent aussi se déplacer à l'extérieur de l'entreprise durant les heures de délégation. Mais ils doivent veiller à ne pas apporter une gêne importante à l'accomplissement du travail des salariés. Par ailleurs, ils peuvent faire afficher les renseignements qu'ils ont pour rôle de porter à la connaissance du personnel. Enfin, l'employeur doit mettre à leur disposition un local et le matériel leur permettant d'exercer leurs missions en toute confidentialité.

3. Statut

Par principe, les délégués du personnel sont élus pour quatre ans. Toutefois, un accord collectif peut fixer une durée de mandat comprise entre deux et quatre ans. Le nombre de délégués du personnel titulaires et suppléants est prévu par les dispositions règlementaires du code du travail (Articles R. 2314-1 et R. 2314-2). Pour l'exercice de leurs missions, les délégués du personnel doivent disposer du temps nécessaire (les heures de délégation) dans les limites d'une durée qui, sauf circonstances exceptionnelles, ne peut excéder dix heures par mois dans les entreprises de moins de cinquante salariés et quinze heures par mois dans les entreprises d'au moins cinquante salariés. Les heures de délégation sont considérées comme du temps de travail et payées comme tel. Elles sont présumées utilisées pour l'exercice du mandat, à charge pour l'employeur de démonter le contraire s'il le conteste.

Les indispensables

- Élus dans les entreprises de onze salariés et plus, les délégués du personnel ont pour mission de présenter toutes les réclamations individuelles ou collectives.
- Ils peuvent saisir l'inspection du travail de toutes les plaintes et observations relatives à l'application des dispositions légales dont elle est chargée d'assurer le contrôle.
- Ils doivent être informés et consultés avant certaines décisions.
- Ils veillent au respect des libertés individuelles dans l'entreprise et peuvent exercer un droit d'alerte.
- Ils communiquent les suggestions et observations du personnel au comité d'entreprise et au CHSCT.
- Les délégués du personnel doivent être reçus au moins une fois par mois par l'employeur et en cas d'urgence.
- Les délégués du personnel peuvent circuler librement à l'intérieur de l'entreprise pendant les heures de délégation ou en dehors de leurs horaires de travail. Ils peuvent aussi se déplacer à l'extérieur de l'entreprise durant les heures de délégation.
- Le mandat est de quatre ans. Un accord collectif peut fixer une durée moindre sans pouvoir être inférieure à deux ans.
- Pour l'exercice de leurs missions, les délégués du personnel disposent d'heures de délégation dans les limites fixées par le code du travail.
- Les heures de délégation sont considérées comme du temps de travail et payées comme tel.

Cas pratique

L'entreprise MASTER dont l'effectif est de 850 salariés est dotée de 9 délégués du personnel titulaires et autant de suppléants. Au sein de l'entreprise, il existe un autocommutateur téléphonique qui permet d'identifier tous les appels passés depuis chaque poste. Les délégués du personnel se plaignent de cette absence de confidentialité qui est de nature à nuire au bon exercice de leur mission. À cela s'ajoute le fait que plusieurs salariés de la société ont fait remonter l'existence d'une situation de harcèlement moral émanant d'un manageur. Qu'en pensez-vous ?

Corrigé

Le cas pratique conduit à s'interroger sur les prérogatives des délégués du personnel et les conditions d'exercice de leurs missions. Il convient d'abord de revenir sur les attributions des délégués du personnel avant de s'intéresser aux modalités d'exercice de leurs missions.

Élus dans les entreprises de onze salariés et plus, les délégués du personnel représentent les salariés. Leurs attributions sont envisagées par le Code du travail aux articles L. 2313-1 à L. 2313-12. Parmi celles-ci figure notamment le droit d'alerte. Ainsi, lorsqu'un délégué du personnel constate qu'il existe une atteinte aux droits des personnes, à leur santé physique et mentale ou aux libertés individuelles dans l'entreprise qui ne serait pas justifiée par la nature de la tâche à accomplir ni proportionnée au but recherché, il en saisit immédiatement l'employeur. Cette atteinte peut notamment résulter de faits de harcèlement sexuel ou moral. C'est le droit d'alerte (C. trav., L. 2313-2). Dans une telle situation, l'employeur procède sans délai à une enquête avec le délégué et prend les dispositions nécessaires pour remédier à cette situation. En cas de carence de l'employeur ou de divergence sur la réalité de cette atteinte, et à défaut de solution trouvée avec l'employeur, le salarié, ou le délégué si le salarié intéressé averti par écrit ne s'y oppose pas, saisit le bureau de jugement du conseil de prud'hommes qui statue selon la forme des référés. Le juge peut alors ordonner toutes mesures propres à faire cesser cette atteinte et assortir sa décision d'une astreinte qui sera liquidée au profit du Trésor. En l'espèce, les délégués du personnel sont saisis par plusieurs salariés qui invoquent l'existence d'une situation de harcèlement moral. Ils peuvent donc exercer leur droit d'alerte afin qu'une enquête soit mise en place. Si l'employeur s'y refuse, ils pourront saisir la juridiction prud'homale en la forme des référés pour que l'enquête soit ordonnée, au besoin sous astreinte.

Par ailleurs, pour exercer leurs missions, les délégués du personnel doivent disposer du matériel nécessaire. Il a été jugé que pour l'accomplissement de leur mission légale et la préservation de la confidentialité qui s'y attache, ils doivent pouvoir disposer d'un matériel ou procédé excluant l'interception de leurs communications téléphoniques et l'identification de leurs correspondants. À ce titre, un employeur ne peut pas se contenter de mettre à la disposition des délégués du personnel du matériel téléphonique desservi par l'autocommutateur de l'entreprise (En ce sens, Cass. soc., 6 avr. 2004, n° 02-40.498). En l'espèce, les délégués du personnel peuvent donc exiger la mise à leur disposition d'un matériel téléphonique leur garantissant toute la confidentialité nécessaire pour l'exécution de leurs missions.

Fiche 32

Le comité d'hygiène, de sécurité et des conditions de travail

▶ Objectifs de la fiche

- Connaître les règles relatives au comité d'hygiène, de sécurité et des conditions de travail.

Références jurisprudentielles

- Cass. soc., 5 mars 2008, n° 07-40.273 ; *RJS*, n° 576.
- Cass. soc., 26 juin 2001, n° 99-16.096 ; *JCP E*, p. 1558 ; *RJS* 10/01, n° 1150, 3e esp.
- Cass. soc., 28 nov. 2007, 06-21.964 : *JCP S* 2008, 1070, note J.-B. Cottin ; *RJS* 2008, n° 135.

1. Mise en place et composition

Tous les établissements occupant au moins cinquante salariés doivent mettre en place un comité d'hygiène, de sécurité et des conditions de travail (CHSCT). S'il ne peut être mis en place en l'absence de candidat et dans les établissements de moins de cinquante salariés, ses missions sont exercées par les délégués du personnel. Le CHSCT comprend l'employeur ou son représentant et une délégation du personnel dont les membres sont désignés par les membres élus du comité d'entreprise et les délégués du personnel (C. trav., art. L. 4613-1). Le nombre de représentants est prévu par l'article R. 4613-1 du Code du travail ; il dépend de l'effectif de l'entreprise. Participent également aux réunions du CHSCT, à titre consultatif, le médecin du travail et le chef du service de sécurité et des conditions de travail (C. trav., art. R. 4614-2).

2. Fonctionnement et moyens d'actions

Le CHSCT se réunit au moins tous les trimestres à l'initiative de l'employeur. Il peut être réuni plus fréquemment en cas de besoin (C. trav., art. L. 4614-7). En outre, une réunion doit impérativement être organisée à la suite de tout accident ayant entraîné ou ayant pu entraîner des conséquences graves ou à la demande motivée de deux de ses membres représentants du personnel. Par ailleurs, le CHSCT peut recourir à un expert en cas de constatation d'un risque grave, en cas de projet important modifiant les conditions d'hygiène, de sécurité ou les conditions de travail (C. trav., art. L. 4614-12) ou en cas de projet d'introduction de nouvelles technologies (C. trav., art. L. 4612-9). Il peut également exercer un droit d'alerte lorsqu'il existe une cause de danger grave et imminent (C. trav., art. L. 4631-2).

L'employeur doit remettre aux membres du CHSCT toutes les informations, documents et moyens qui lui sont nécessaires pour l'exercice de ses missions. Toutefois, le CHSCT ne dispose pas de budget de fonctionnement. Pour l'exercice de leurs missions, les membres du CHSCT disposent d'un crédit d'heures (C. trav., art. L. 4614-3). Mais le temps passé aux réunions est payé comme temps de travail effectif sans s'imputer sur le crédit d'heures.

3. Missions

Le CHSCT a pour mission de contribuer à la prévention et à la protection de la santé et de la sécurité des travailleurs relevant de son périmètre de compétence. Il contribue à l'amélioration des conditions de travail et veille à l'observation des prescriptions légales prises en ces matières (C. trav., art. L. 4612-1). En outre, il est chargé de procéder à l'analyse des risques professionnels et de réaliser des enquêtes en matière d'accident du travail ou de maladies professionnelles ou à caractère professionnel. Par ailleurs, le CHSCT doit être consulté avant toute décision d'aménagement important modifiant les conditions de santé et de sécurité ou les conditions de travail et, notamment, avant toute transformation importante des postes de travail découlant de la modification de l'outillage, d'un changement de produit ou de l'organisation du travail, avant toute modification des cadences et des normes de productivité liées ou non à la rémunération du travail (C. trav., art. L. 4612-8-1).

Les indispensables

- Tous les établissements occupant au moins cinquante salariés doivent mettre en place un CHSCT.
- Le CHSCT comprend l'employeur ou son représentant et une délégation du personnel dont les membres sont désignés par les membres élus du comité d'entreprise et les délégués du personnel.
- Le CHSCT se réunit au moins tous les trimestres à l'initiative de l'employeur. Il peut être réuni plus fréquemment en cas de besoin.
- Une réunion doit impérativement être organisée à la suite de tout accident ayant entraîné ou ayant pu entraîner des conséquences graves ou à la demande motivée de deux de ses membres.
- Le CHSCT peut recourir à un expert en cas de constatation d'un risque grave, en cas de projet important modifiant les conditions d'hygiène, de sécurité ou les conditions de travail ou en cas de projet d'introduction de nouvelles technologies.
- Le CHSCT peut exercer un droit d'alerte lorsqu'il existe une cause de danger grave et imminent.
- Pour l'exercice de leurs missions, les membres du CHSCT disposent d'un crédit d'heures.
- Le CHSCT a pour mission de contribuer à la prévention et à la protection de la santé et de la sécurité des travailleurs.
- Il contribue à l'amélioration des conditions de travail et veille à l'observation des prescriptions légales.
- Le CHSCT doit être consulté avant toute décision d'aménagement important modifiant les conditions de santé et de sécurité ou les conditions de travail.

Cas pratique

La société STYLE intervient dans le domaine de la téléphonie mobile. Elle envisage la mise en place d'un dispositif d'écoute et d'enregistrement des chargés de clientèle, notamment destiné à l'évaluation professionnelle des salariés. Les membres du CHSCT considèrent qu'ils doivent être consultés sur ce dispositif dans la mesure où il modifie les conditions de travail. L'employeur considère quant à lui que ce projet ne nécessite pas de consultation du CHSCT puisqu'il ne modifie pas le quotidien des salariés qui travaillent dans les mêmes conditions que précédemment. En réaction, deux des membres du CHSCT ont demandé une réunion au cours de laquelle un expert agréé a été désigné pour apprécier l'incidence du dispositif sur les conditions de travail. L'employeur conteste l'expertise considérant là encore qu'il n'y a pas de modification des conditions de travail. Qu'en pensez-vous ?

Corrigé

Le cas pratique est relatif aux prérogatives du CHSCT. Il conduit à revenir sur la mission consultative du CHSCT avant de s'intéresser aux moyens d'actions de cette instance.

Le CHSCT a pour mission de contribuer à la prévention et à la protection de la santé et de la sécurité des travailleurs relevant de son périmètre de compétence. Il contribue à l'amélioration des conditions de travail et veille à l'observation des prescriptions légales prises en ces matières (C. trav., art. L. 4612-1). Au titre de ses missions consultatives, le CHSCT doit être consulté avant toute décision d'aménagement important modifiant les conditions de santé et de sécurité ou les conditions de travail et, notamment, avant toute transformation importante des postes de travail découlant de la modification de l'outillage, d'un changement de produit ou de l'organisation du travail, avant toute modification des cadences et des normes de productivité liées ou non à la rémunération du travail (C. trav., art. L. 4612-8-1). Pour la Cour de cassation les évaluations annuelles des salariés sont de nature à générer une pression psychologique entraînant des répercussions sur les conditions de travail. À ce titre, le CHSCT doit être consulté sur la mise en place de tels entretiens d'évaluation (Cass. soc., 28 nov. 2007, 06-21.964). En l'espèce, l'employeur envisage de mettre en place un dispositif destiné à évaluer les salariés. Au regard de la jurisprudence de la Cour de cassation, le dispositif doit donc être soumis à l'information et à la consultation du CHSCT.

Parmi les moyens d'actions du CHSCT, figure le droit de recourir à un expert en cas de constatation d'un risque grave ou en présence d'un projet important modifiant les conditions d'hygiène, de sécurité ou les conditions de travail (C. trav., art. L. 4614-12). Ces notions relèvent de l'appréciation des juges du fond. En l'espèce, l'employeur envisage de mettre en place un dispositif d'écoute et d'enregistrement des chargés de clientèle, notamment destiné à l'évaluation professionnelle des salariés. Les membres du CHSCT considèrent qu'il s'agit d'un projet important modifiant les conditions de travail. L'employeur conteste cette analyse. Dans une situation similaire, la Cour d'appel de Paris a considéré qu'un tel projet pouvait être qualifié de projet important modifiant les conditions de travail pour rejeter le recours initié par l'employeur (CA Partis, 14e ch., 5 déc. 2007, n° °7/11.402). En l'espèce, on peut donc considérer que le recours que l'employeur envisage d'initier afin de contester l'expertise est voué à l'échec. L'expertise pourra être menée afin d'apprécier l'incidence du dispositif sur les conditions de travail étant rappelé qu'elle devra être faite dans le délai d'un mois, ce délai pouvant être prolongé pour tenir compte des nécessités de l'expertise sans pouvoir excéder 45 jours (C. trav., art. R. 4614-8).

Fiche 33
La représentation syndicale

▶ Objectifs de la fiche

- Identifier les organes de représentation syndicale dans l'entreprise.
- Identifier les moyens d'actions de la représentation syndicale.

Références jurisprudentielles

– Cass. soc., 22 mars 1979, n° 78-60.706.
– Cass. soc., 4 novembre 2009 : *RJS*, 1/10, n° 65.

La représentation syndicale s'exerce au travers de la section syndicale, et notamment du représentant de section syndicale et du délégué syndical.

1. La section syndicale d'entreprise

La section syndicale a pour rôle d'assurer la représentation des intérêts matériels et moraux de ses membres. Elle n'est que l'émanation du syndicat dans l'entreprise et n'a pas de personnalité morale ou juridique (Cass. soc., 22 mars 1979, n° 78-60.706).

Une section syndicale peut être mise en place lorsque le syndicat possède au moins deux adhérents au sein de l'entreprise ou de l'établissement. Peu importe le nombre de salariés dans l'entreprise ou l'établissement (Cass. soc., 4 novembre 2009 : *RJS*, 1/10, n° 65). Le syndicat doit être représentatif, ou être affilié à une organisation syndicale représentative au niveau national et interprofessionnel ou satisfaire aux critères de respect des valeurs républicaines et d'indépendance, être légalement constitué depuis au moins 2 ans et avoir un champ professionnel et géographique couvrant l'entreprise concernée (C. trav., art., L. 2142-1).

La section syndicale dispose de moyens d'actions pour exercer sa mission : collecte des cotisations sur les lieux et pendant le temps de travail, diffusion de publications et distribution de tracts aux heures d'entrée et de sortie du travail, affichage des communications syndicales sur les panneaux réservés à cet effet, mise à disposition d'un local, organisation de réunions (une fois par mois dans l'enceinte de l'entreprise, mais en dehors des locaux de travail).

Chaque syndicat qui constitue une section syndicale dans l'entreprise d'au moins 50 salariés peut, s'il n'est pas représentatif, désigner un représentant de section syndicale. Il représente le syndicat et assiste les salariés. Toutefois, il ne peut pas négocier d'accords collectifs (contrairement au délégué syndical). Il dispose d'un temps nécessaire à l'exercice de ses fonctions (C. trav., art., L. 2142-1-1, et s.).

2. Les délégués syndicaux

Le délégué syndical est désigné, sous certaines conditions, par un syndicat représentatif dans l'entreprise. C'est par son intermédiaire que le syndicat fait connaître à l'employeur ses revendications et négocie les accords collectifs (C. trav., art., L. 2143-1, et s.).

Le nombre et les modalités de désignation des délégués syndicaux dépendent de l'effectif de l'entreprise. Dans les entreprises d'au moins 50 salariés, chaque organisation syndicale représentative ayant constitué une section syndicale peut désigner un ou plusieurs délégués syndicaux. Ceux-ci sont choisis parmi les candidats aux élections professionnelles ayant recueilli au moins 10 % des suffrages exprimés au premier tour des dernières élections au comité d'entreprise ou de la délégation unique du personnel ou des délégués du personnel, quel que soit le nombre de votants. À défaut de candidat aux élections professionnelles remplissant ces conditions, le syndicat peut désigner un délégué syndical parmi les autres candidats ou, à défaut, parmi ses adhérents au sein de l'entreprise. Dans les entreprises qui emploient moins de 50 salariés, les syndicats représentatifs peuvent désigner, pour la durée de son mandat, un délégué du personnel comme délégué syndical.

En plus des moyens d'actions de la section syndicale, le délégué dispose d'un crédit d'heures et de la possibilité de circuler librement dans et hors de l'entreprise pendant ses heures de délégation. Ils est protégé au même titre que les représentants élus du personnel.

Les indispensables

- La représentation syndicale s'exerce au travers de la section syndicale, et notamment du représentant de section syndicale et du délégué syndical.
- La section syndicale est un groupement de salariés qui, à l'initiative d'un syndicat, est chargé par ce dernier, au sein d'une même entreprise ou d'un établissement, de représenter les intérêts moraux ou matériels de ses membres.
- Chaque syndicat qui constitue une section syndicale dans l'entreprise d'au moins 50 salariés peut, s'il n'est pas représentatif, désigner un représentant de section syndicale.
- Le délégué syndical est un représentant du personnel désigné par un syndicat représentatif dans l'entreprise.

Cas pratique

Monsieur Moussa Razai fait partie d'une petite entreprise artisanale comptant 9 salariés. Il n'existe aucune représentation syndicale. L'employeur lui a indiqué qu'une telle représentation n'avait de sens qu'à partir de 50 salariés et en présence d'un syndicat représentatif, seul légitime à défendre les intérêts des travailleurs. De plus, la mise en place d'une telle représentation suppose le respect de lourdes formalités. Moussa a entendu parler de la section syndicale. Il aimerait, *a minima*, en être adhérent pour bénéficier d'un crédit d'heures comme le délégué syndical.

Corrigé

La faculté de constituer une section syndicale est ouverte à des syndicats représentatifs ou non, qui remplissent certaines conditions. Peuvent constituer une section syndicale dans l'entreprise ou l'établissement, les syndicats qui ont plusieurs adhérents dans l'entreprise ou l'établissement et qui sont représentatifs dans l'entreprise ou l'établissement, ou qui sont affiliés à une organisation syndicale représentative au niveau national et interprofessionnel ou qui remplissent plusieurs critères cumulatifs (C. trav., art. L. 2142-1). Aucun formalisme n'est prévu par les dispositions légales pour la constitution d'une section syndicale. La création d'une telle section est possible à condition de démontrer la présence d'au moins deux adhérents dans l'entreprise (Cass. soc., 28 janvier 2015, n° 14-14.345). Il s'agit toutefois d'une faculté appréciée par chaque syndicat.
Par contre, la désignation d'un délégué syndical ou d'un représentant de la section syndicale ne peut intervenir que dans les entreprises occupant 50 salariés et plus. Cependant, dans les entreprises de moins de 50 salariés, un délégué du personnel peut être désigné délégué syndical ou représentant de la section syndicale pour la durée de son mandat (C. trav., art. L. 2143-6 ; C. trav., art. L. 2142-1-4). Le fait d'être adhérent d'une section syndicale ne permet pas de bénéficier d'un crédit d'heures. Pour bénéficier de ces heures, il est nécessaire d'avoir la qualité de représentant (par exemple, le représentant de section syndicale dispose d'un crédit d'heures au moins égal à quatre heures par mois – C. trav., art. L. 2142-1-3).
En l'espèce, l'argumentation de l'employeur doit être écartée. Un syndicat, même non représentatif, peut décider de créer une section syndicale (quel que soit l'effectif dans l'entreprise). Une section syndicale peut donc être mise en place dans une entreprise comprenant 9 salariés. Aucun formalisme n'est imposé par les textes légaux. Pour autant, le simple fait d'adhérer à cette section ne suffit pas pour bénéficier d'un crédit d'heures. Moussa ne pourra donc pas en bénéficier à ce titre. Il est nécessaire d'être désigné par le syndicat.

Fiche 34

La protection des représentants du personnel

▶ Objectifs de la fiche

- Maîtriser les règles relatives à la protection des représentants du personnel.
- Connaître les sanctions lorsque les règles protectrices n'ont pas été respectées.

> **Références jurisprudentielles**
> - Cass. soc., 10 juill. 2002, n° 00-40.301 ; *RJS*, n° 1255.
> - Cass. soc., 14 sept. 2012, n° 11-21.307 ; *JCP S*, 1468, note D. Boulmier.
> - Cass. soc., 28 mai 2003, n° 01-40.512 ; *RJS*, n° 1037.
> - Cass. soc., 15 avr. 2015, n° 13-27.211.

1. Bénéficiaires de la protection

Afin d'éviter qu'un employeur puisse utiliser son pouvoir disciplinaire ou le licenciement pour limiter l'action de certains salariés, une protection spéciale a été instaurée. La liste des salariés bénéficiant de cette protection spéciale est prévue aux articles L. 2411-1 et suivants du code du travail. Peuvent notamment être cités les salariés demandant l'organisation des élections professionnelles dans les conditions de l'article L. 2411-6, les candidats aux élections (C. trav., art. L. 2411-7 à L. 2411-10), les conseillers prud'homaux (C. trav., art. L. 2411-22), les conseillers du salarié, les représentants des salariés dans le cadre des procédures collectives, les salariés élus (délégués du personnel, membres élus au comité d'entreprise notamment), les représentants syndicaux, les membres du CHSCT, etc.

2. Circonstances de la protection

La protection spéciale s'applique d'abord lorsque l'employeur envisage le licenciement. La protection concerne également la modification du contrat de travail ou le simple changement des conditions de travail. Ils ne peuvent intervenir sans l'accord du salarié protégé. Le statut protecteur est aussi applicable en cas de rupture ou de non-renouvellement du contrat à durée déterminée. Pour les salariés listés à l'article L. 2412-1, il convient alors d'obtenir l'autorisation préalable de l'inspecteur du travail. Cette procédure spéciale est encore applicable en cas de transfert du contrat de travail (C. trav., art. L. 2414-1), de mise à la retraite ou de rupture conventionnelle (C. trav., art. L. 1237-11). À l'inverse, le salarié n'a pas à respecter de procédure spéciale lorsqu'il envisage de mettre unilatéralement fin à son contrat de travail.

3. Procédure spéciale de licenciement

La procédure spéciale de licenciement est impérative et s'applique quel que soit le motif de licenciement. La première étape est la tenue d'un entretien préalable. La seconde étape, mais uniquement pour le licenciement d'un délégué du personnel, d'un membre du comité d'entreprise (élu ou représentant syndical) ou d'un membre du CHSCT, est la consultation du comité d'entreprise qui doit rendre un avis. En troisième lieu, pour tous les salariés protégés, l'employeur doit obtenir l'autorisation de l'inspecteur du travail. Enfin, sous réserve de l'autorisation, le licenciement peut être notifié. L'autorisation ou le refus de licenciement peut donner lieu à un recours gracieux, hiérarchique ou contentieux.

4. Sanctions du non-respect de la procédure spéciale

L'inobservation de la procédure spéciale de licenciement est constitutive d'un délit d'entrave (C. trav., art. L. 2316-1 et L. 2328-1). Sur le plan civil, le licenciement prononcé sans respect de la procédure spéciale de licenciement est nul. Le salarié peut alors obtenir sa réintégration qui s'impose à l'employeur. Qu'il demande sa réintégration ou qu'il ne la demande pas, il peut également obtenir des dommages et intérêts.

Les indispensables

- Afin d'éviter qu'un employeur puisse utiliser son pouvoir disciplinaire ou le licenciement pour limiter l'action de certains salariés, une protection spéciale a été instaurée au bénéfice des salariés envisagés par les articles L. 2411-1 et suivants.
- La protection spéciale s'applique au licenciement, à la modification du contrat de travail ou au simple changement des conditions de travail, en cas de rupture ou de non-renouvellement du contrat à durée déterminée, en cas de transfert du contrat de travail, de mise à la retraite ou de rupture conventionnelle.
- Le salarié n'a pas à respecter de procédure spéciale lorsqu'il envisage de mettre unilatéralement fin à son contrat de travail.
- La procédure spéciale de licenciement implique de recueillir l'autorisation de l'inspecteur du travail préalablement au licenciement.
- Le licenciement prononcé sans respect de la procédure spéciale de licenciement est nul.

Cas pratique

Après un an d'arrêt de travail pour maladie, Monsieur LECOST vient d'être déclaré inapte par le médecin du travail. Faute de possibilité de reclassement, il a été licencié. Problème : la DRH nouvellement arrivée et qui ne connaissait pas Monsieur LECOST a oublié de prendre en compte sa qualité de salarié protégé puisque, quelques jours avant son arrêt de travail, ce dernier avait été élu délégué du personnel. Monsieur LECOST a donc été licencié sans autorisation de l'inspecteur du travail. L'entreprise est inquiète. Elle a donc spontanément proposé à Monsieur LECOST de le réintégrer. Monsieur LECOST est convaincu qu'une fois réintégré, son employeur procédera de nouveau à son licenciement. Il refuse donc la réintégration mais entend néanmoins se prévaloir d'un licenciement nul pour ses conséquences indemnitaires. Quelle est votre analyse de la situation ?

Corrigé

Le cas pratique conduit à s'interroger sur les conséquences du licenciement d'un salarié protégé intervenu sans autorisation de l'inspecteur du travail. Il faut d'abord revenir sur la nullité du licenciement avant de s'intéresser à ses conséquences indemnitaires lorsque le salarié refuse toute réintégration.

Afin d'éviter qu'un employeur puisse utiliser son pouvoir disciplinaire ou le licenciement pour limiter l'action de certains salariés, une protection exceptionnelle et exorbitante des salariés investis de fonctions représentatives a été instituée, non dans le seul intérêt de ces derniers, mais dans celui de l'ensemble des salariés (Cass. soc., 10 juill. 2002, n° 00-40.301). Cette protection est notamment accordée aux délégués du personnel (C. trav., art. L. 2411-1). En vertu de celle-ci, aucun licenciement d'un salarié protégé ne peut intervenir sans autorisation de l'inspecteur du travail. À défaut, le licenciement est nul. En l'espèce, Monsieur LECOST est délégué du personnel. Son licenciement est intervenu sans autorisation de l'inspecteur du travail. Le licenciement est donc nul. Il convient alors de préciser que le fait que l'employeur ait spontanément proposée au salarié de le réintégrer ne permet pas d'écarter la nullité du licenciement. Ainsi, pour la Cour de cassation, « le salarié dont le licenciement est nul peut refuser la réintégration proposée par l'employeur sans qu'il en résulte renonciation à se prévaloir de la nullité de la rupture » (Cass. soc., 15 avr. 2015, n° 13-24.182).

S'agissant des conséquences financières d'un licenciement nul, il convient de distinguer la situation du salarié licencié sans autorisation et celle du salarié licencié en vertu d'une autorisation ultérieurement annulée. Le cas pratique concerne la première situation. Dans une telle hypothèse, le salarié peut solliciter la réintégration ou ne pas la demander. Lorsqu'il refuse la réintégration, il peut prétendre aux indemnités de rupture ; à une indemnité liée au caractère illicite du licenciement qui est au moins égale à six mois de salaire et qui est due sans qu'il soit nécessaire de caractériser l'absence de cause réelle et sérieuse ; enfin, il peut prétendre à une indemnité forfaitaire au titre de la violation de son statut protecteur (Cass. soc., 12 déc. 2001, n° 99-44.167). Celle-ci est égale au montant des rémunérations que le salarié aurait dû percevoir entre son éviction et l'expiration de la période protection en cours. Toutefois, pour la Cour de cassation, elle ne peut excéder deux ans, durée minimale légale applicable aux mandats, augmentée de six mois, soit trente mois au total (Cass. soc., 15 avr. 2015, n° 13-24.182). En l'espèce, la durée résiduelle du mandat était de près de trois ans. Au regard de la jurisprudence, Monsieur LECOST pourra prétendre à une indemnité pour violation du statut protecteur de trente mois. À cela s'ajoute les indemnités de rupture (indemnités compensatrices de préavis et congés payés et indemnité de licenciement) et une indemnité au moins égale à six mois de salaire en raison du caractère illicite du licenciement.

Fiche 35

La notion de grève

▶ Objectifs de la fiche

- Distinguer la grève du mouvement collectif illicite.

Références jurisprudentielles

- Cass. soc., 16 mai 1999, *RJS* 1999, n° 536.
- Cass. soc., 2 juin 1992, Dr soc. 1992, p. 696, rapport Ph. Waquet, note J.-E. Ray.
- Cass. soc., 7 avril 1993, *RJS* 1993, n° 539.

1. Définition de la grève

Parce que tout mouvement collectif ne peut être qualifié de grève, il faut préciser la définition de celle-ci. La grève suppose la réunion de 3 conditions : un arrêt de travail, une action concertée et un but professionnel. S'agissant de la première exigence, l'arrêt de travail, la jurisprudence demande une cessation franche du travail. En conséquence, la grève perlée, c'est-à-dire l'exécution du travail au ralenti ou dans des conditions volontairement défectueuses, est susceptible de sanctions disciplinaires. En revanche, la cessation du travail peut être de courte durée. On parle alors de « débrayages ». La grève tournante est également licite. La grève se caractérise ensuite par une action concertée. En principe, on ne peut pas faire grève tout seul. Mais la grève peut n'être que le fait d'une minorité. On notera que la grève est licite même si un syndicat ne prend pas l'initiative de celle-ci. Enfin la grève doit avoir un objectif professionnel, à savoir modifier ou améliorer les conditions de travail. En conséquence, la grève politique est illicite. En pratique, il arrive aussi que des salariés se mobilisent pour défendre l'un d'entre eux. Cette grève de solidarité interne est licite dès lors qu'on peut y découvrir des revendications professionnelles. Ces dernières doivent être présentées à l'employeur avant le déclenchement du mouvement mais il n'est pas nécessaire d'attendre sa réponse pour déclencher la grève. On notera que le juge ne peut pas apprécier le bien-fondé des revendications, en particulier leur caractère raisonnable.

2. L'exercice anormal du droit de grève

L'anormalité recouvre deux situations différentes. En premier lieu, on peut se trouver face à un abus de droit. Le mouvement collectif est bien licite, mais son exercice dépasse l'acceptable car on désorganise l'entreprise. La grève étant un droit de nuire, on ne se contente pas d'une désorganisation de la production, il faut une véritable désorganisation de l'entreprise. On songe par exemple à des arrêts fréquents et inopinés qui rendent impossible le fonctionnement normal des installations après chaque arrêt de travail.

En second lieu, l'anormalité peut trouver sa source dans des comportements individuels. Ainsi, celui qui empêche un non-gréviste de travailler commet une faute. Au-delà du comportement individuel d'un travailleur, c'est la question de la licéité de l'occupation des lieux de travail qui est posée. Dès lors qu'une atteinte à la liberté du travail est reconnue, l'employeur peut s'adresser au juge des référés pour obtenir l'expulsion des grévistes (Cass. soc., 21 juin 1984, Dr soc. 1985, p. 19, note J. Savatier). Par ailleurs, à l'occasion d'un mouvement de grèves, de multiples infractions pénales peuvent être commises. On songe par exemple à la dégradation ou au vol des biens d'autrui ou encore à la séquestration de personnes.

Les indispensables

- La grève suppose la réunion de trois conditions : un arrêt de travail, une action concertée et un but professionnel.
- La grève de solidarité interne à l'entreprise est licite dès lors qu'on exprime des revendications professionnelles.
- Le juge ne peut pas apprécier la légitimité ou le bien-fondé des revendications professionnelles.
- Il y a exercice anormal du droit de grève en cas de désorganisation de l'entreprise.

Cas pratique

L'entreprise Leroux, qui emploie 37 salariés, est confrontée à deux mouvements de grève. Tout a commencé le 3 mai 2016. Un salarié, Maxime Leroux a dérobé un ordinateur de l'entreprise, le geste indélicat ayant été révélé par la présence d'une caméra. L'employeur décide de le licencier pour faute grave. Trois de ses camarades, Hervé, Jean-Pierre et Serge, décident alors de se mettre en grève. Ils exigent sa réintégration au motif que les salariés de l'entreprise n'ont pas été informés de la présence de la caméra. Pour l'employeur, un tel motif ne justifie pas le recours à la grève. Le 25 juin 2016, 15 autres salariés de l'entreprise ont décidé de se mettre en également en grève. Ils réclament une augmentation de 45 % de l'ensemble des salaires. Pour l'employeur, cette grève est aussi illégitime car il ne peut satisfaire une telle revendication sans mettre en danger la survie de son entreprise.

Corrigé

Hervé, Jean-Pierre et Serge ont décidé de se mettre en grève pour défendre leur collègue Maxime Leroux. Mais peut-on faire grève pour défendre autrui ? On pourrait d'abord penser qu'un tel mouvement est illicite parce qu'il est mis au service d'une cause qui n'est pas celle des grévistes. Mais on peut aussi se demander si derrière cette solidarité affichée vis-à-vis d'un collègue de travail, les salariés n'agissent pas finalement pour eux-mêmes. C'est pourquoi, la Cour de cassation reconnaît la licéité de la grève de solidarité en faveur d'un collègue de travail (on parle de grève de solidarité interne) dès lors qu'on se trouve en présence d'une revendication d'ordre professionnel qui intéresse l'ensemble de la collectivité. Or, en l'espèce, l'employeur a mis en place un dispositif de surveillance (la caméra) sans information préalable des salariés. Cette démarche est contraire à la jurisprudence de la Cour cassation qui a posé en principe que « si l'employeur a le droit de contrôler et de surveiller l'activité de ses salariés pendant le temps de travail, tout enregistrement, quels qu'en soient les motifs, d'images ou de paroles à leur insu constitue un mode de preuve illicite » (Cass. soc., 20 nov. 1991, *RJS* 1992, n° 1). La grève est donc bien légitime car, même si le salarié a commis un acte indélicat, l'employeur n'a pas exercé correctement son pouvoir de direction en mettant en place une caméra cachée. Et, un tel comportement préoccupe forcément l'ensemble de la collectivité. Au contraire, si l'employeur avait respecté les règles qui gouvernent la mise en place d'une caméra, la grève de solidarité aurait été injustifiée.

Un autre mouvement collectif affecte l'entreprise : une partie des salariés exigent une augmentation de 45 % de l'ensemble des salaires. Peut-on déclarer une grève illicite au motif que les revendications professionnelles exprimées n'ont aucune chance d'aboutir ? Le 4 juillet 1986, l'assemblée plénière de la Cour de cassation a considéré que le juge des référés pouvait ordonner la suspension d'un préavis de grève, car les revendications étaient déraisonnables, ce qui ne permettait pas à l'employeur de les satisfaire (Cass. Ass. Plén., 4 juill. 1986, *JCP* 1986, II, 20694, note B. Teyssié). Mais cette solution a été vivement critiquée. Peut-on considérer que le juge a la qualité et les compétences requises pour apprécier les revendications ? Connaît-il la situation financière de l'entreprise ? C'est pourquoi, la chambre sociale de la Cour de cassation va décider le 2 juin 1992 que « si la grève suppose l'existence de revendications de nature professionnelle, le juge ne peut, sans porter atteinte au libre exercice d'un droit constitutionnellement reconnu, substituer son appréciation à celle des grévistes sur la légitimité ou le bien-fondé de ces revendications ». (Cass. soc., 2 juin 1992, *Dr. soc.* 1992, p. 696, rapport Ph. Waquet, note J.-E Ray). Dans notre affaire, l'employeur ne peut donc pas demander au juge de suspendre la grève au motif que les revendications seraient déraisonnables.

Fiche 36

Les conséquences de la grève

▶ Objectifs de la fiche

- Présenter les conséquences de la grève sur le contrat de travail et les réactions de l'employeur face au mouvement collectif.

Références jurisprudentielles

- Cass. soc., 26 septembre 1990, Dr soc. 1991, p. 60, rapport Ph. Waquet, note J.-E. Ray.
- Cass. soc., 6 juin 1999, JCP 1990, II, 21452, note Y. Saint-Jours.
- Cass. soc., 9 novembre 1982, Dr soc. 1983, p. 175, note J. Savatier.

1. Grève et contrat de travail

L'article L. 2511-1 du Code du travail prévoit que « l'exercice du droit de grève ne peut justifier la rupture du contrat de travail, sauf faute lourde imputable au salarié ». La grève entraîne donc une simple suspension du contrat de travail et « tout licenciement prononcé en absence de faute lourde est nul de plein droit » C. trav., art. L. 2511-1, al. 3). En conséquence, lorsque le salarié gréviste a été illégalement licencié, le juge doit ordonner la poursuite de la relation de travail. Par ailleurs, dès lors qu'un fait présente un lien direct avec l'exercice du droit de grève, il ne peut pas être sanctionné par l'employeur, sauf s'il constitue une faute lourde (atteinte à l'intégrité physique des personnes, dégradations du matériel…).

Comme la grève suspend l'exécution du contrat de travail, l'employé est délié de son obligation de payer le salaire. Toutefois, l'abattement pratiqué sur la rémunération doit être proportionnel à l'arrêt de travail. Ainsi, le temps consacré à la période de remise en marche des machines ne saurait justifier une retenue sur salaire. On notera que la prime d'assiduité peut être réduite pour les grévistes dans la mesure où toutes les absences entraînent cette même conséquence. Par ailleurs, l'employeur doit continuer à payer normalement les non-grévistes car ils se tiennent à sa disposition.

2. Grève et pouvoir de direction du chef d'entreprise

L'employeur peut tout d'abord décider de poursuivre son activité malgré l'existence de la grève. Dans ce cas, il peut demander aux non-grévistes d'effectuer des heures supplémentaires. En revanche, la loi interdit d'avoir recours à des contrats à durée déterminée ou des travailleurs temporaires. Mais l'employeur peut embaucher des salariés dans le cadre d'un contrat à durée indéterminée. Après la grève, la loi interdit la récupération des heures perdues mais l'employeur peut recourir aux heures supplémentaires.

En réaction à la grève, l'employeur peut être tenté de fermer son entreprise ; on parle alors de lock-out. Le droit français prohibe une telle démarche au motif qu'elle constitue une atteinte à la liberté pour les travailleurs de faire grève. En revanche, face à une situation contraignante, l'employeur peut fermer temporairement son entreprise. Il en va ainsi en cas par exemple d'épuisement des stocks ou en cas de risque pour l'ordre et la sécurité des biens et des personnes.

3. Grève et actions en responsabilité civile

Le salarié gréviste peut engager sa responsabilité civile uniquement dans l'hypothèse où il a commis une faute lourde. Au cours de la grève, il a participé personnellement à des actes illicites (entrave à la liberté du travail, destruction des biens de l'entreprise…) qui ont entraîné un dommage.

Un syndicat peut aussi engager sa responsabilité en tant que personne morale dès lors qu'il incite à commettre des actes illicites. En revanche, un syndicat n'est pas responsable des actes illicites commis par les grévistes dans la mesure où il n'est pas le commettant de ces derniers.

Les indispensables

- L'exercice du droit de grève ne peut justifier la rupture du contrat de travail sauf faute lourde imputable au salarié. En l'absence d'une telle faute, le licenciement est frappé de nullité.
- Comme la grève suspend l'exécution du contrat de travail, l'employeur est délivré de son obligation de payer les salaires.
- Le droit français prohibe le lock-out. En revanche, la fermeture temporaire de l'entreprise peut être justifiée par une situation contraignante.
- La responsabilité civile du salarié gréviste ne peut être recherchée que dans l'hypothèse où il a commis une faute lourde. Le syndicat n'est pas le commettant des grévistes, il ne peut engager sa responsabilité qu'en cas de faute personnelle de sa part.

Cas pratique

L'entreprise Dupontel, qui comprend 89 salariés, est en grève depuis 20 jours. L'employeur, Grégoire Lerouge, a décidé de réagir pour mettre un terme à cette situation qu'il juge inacceptable. Pour inciter les grévistes à reprendre le travail, il utilise la vieille recette de « la carotte » et du « bâton ». Il a tout d'abord décidé d'octroyer une prime mais uniquement aux salariés non-grévistes. Par ailleurs, il va demander à ces derniers d'effectuer des heures supplémentaires. Il a aussi engagé, dans le cadre de contrats à durée déterminée, 3 salariés pour remplacer les grévistes. Enfin, pour faire un exemple, il a décidé de licencier 10 grévistes pour perturbation apportée au bon fonctionnement de l'entreprise. Un autre salarié a été licencié pour avoir détruit une machine de l'entreprise. L'employeur va également demander au syndicat, à l'origine de la grève, de payer la facture. Visiblement, ces mesures impressionnent les grévistes. Albert, un salarié gréviste, a décidé de reprendre le travail. Mais, comme la remise en marche de sa machine prend 24 heures, il ne sera pas payé le premier jour de reprise du travail.

Corrigé

Cette affaire conduit tout d'abord à s'intéresser à la rémunération des grévistes. Le principe est simple : en l'absence de prestation de travail, l'employeur n'a pas à rémunérer les grévistes. Mais il ne peut pas décider d'accorder une prime exclusivement aux grévistes. En vertu de l'article L. 2511-1, al. 2 du Code du travail, l'exercice du droit de grève ne peut donner lieu à aucune mesure discriminatoire, notamment en matière de rémunérations et d'avantages sociaux. La Cour de cassation a ainsi précisé que la prime d'assiduité peut être réduite pour les grévistes uniquement si toute absence, quelle qu'en soit la cause (par exemple arrêt de travail décidé par le médecin), entraîne les mêmes conséquences (Cass. soc., 2 juin 1993, *RJS* 1993, n° 779). L'employeur a aussi décidé de ne pas payer Albert pendant 24 heures, temps nécessaire pour remettre en marche sa machine. Or, l'abattement doit être proportionnel à l'arrêt de travail. Peu importe si ce dernier entraîne, après la reprise du travail, des heures improductives. Pour la Cour de cassation, le temps consacré à la remise en marche des machines à l'issue d'un mouvement de grève, même répété, ne saurait justifier une retenue sur salaire au motif de la perte de production qui suit le mouvement, même à l'encontre des grévistes, dès l'instant que la grève est reconnue licite (Cass. soc., 6 juin 1989, JCP 1990, II, 21452, note Y. Saint-Jours).

Pour assurer la continuité de l'entreprise, l'employeur peut parfaitement demander aux non-grévistes d'effectuer des heures supplémentaires. En revanche, il est interdit à l'employeur d'avoir recours à des contrats à durée déterminée.

L'employeur a également licencié 10 grévistes pour perturbation apportée au bon fonctionnement de l'entreprise. Or, la loi interdit de licencier le salarié gréviste sauf en cas de faute lourde. Pour retenir une telle faute, l'employeur doit apporter la preuve de la participation personnelle du salarié gréviste à des agissements constitutifs de faute lourde. Or l'employeur n'apporte aucun élément permettant de retenir une telle qualification. En conséquence, les licenciements sont frappés de nullité et les salariés sont en droit d'exiger leur réintégration. En revanche, le licenciement du salarié qui a détruit une machine est parfaitement justifié, un tel comportement constituant une faute lourde.

L'employeur demande enfin au syndicat à l'origine de la grève de rembourser le coût de la machine détruite. Mais le syndicat n'est pas responsable du fait des grévistes même s'il est l'organisateur de la grève. Les syndicats ne sont pas les commettants des grévistes, ceux-ci exercent personnellement le droit de grève. Pour mettre en jeu la responsabilité civile d'un syndicat, il faut prouver une faute personnelle de sa part. Il en va ainsi par exemple lorsqu'un syndicat incite un salarié à commettre un acte illicite. Or dans notre affaire le syndicat n'a pas demandé au salarié de détruire la machine.

Fiche 37

Sécurité et santé au travail : une responsabilité partagée

▶ Objectifs de la fiche

- Identifier les obligations de l'employeur en matière de santé et de sécurité au travail.
- Identifier les obligations du salarié en matière de santé et de sécurité au travail.

Références jurisprudentielles

- Cass. soc., 28 février 2002 : *Bull.* 2002, V, n° 81.
- Cass. soc., 29 juin 2005, n° 03-44.412.
- Cass. soc., 25 novembre 2015, n° 14-24.444.

Conformément à la directive européenne du 12 juin 1989 et la loi du 31 décembre 1991, la santé et la sécurité au sein de l'entreprise sont une préoccupation de tous. Leur protection donne lieu à une « participation équilibrée » et donc à une responsabilité partagée entre l'employeur et le salarié.

1. Le rôle de l'employeur

Il appartient à l'employeur de veiller à la sécurité et à la protection de la santé de ses salariés. L'employeur prend les mesures nécessaires pour assurer la sécurité et protéger la santé physique et mentale des travailleurs. Ces mesures comprennent des actions de prévention des risques professionnels, des actions d'information et de formation, et la mise en place d'une organisation et de moyens adaptés. Il doit veiller à l'adaptation de ces mesures (C. trav., art. L. 4121-1).

Les mesures prises par l'employeur doivent se baser les principes généraux de prévention visés par le code du travail (C. trav., art. L. 4121-2). Il doit également prendre des mesures générales d'hygiène et de sécurité dans des domaines divers (C. trav., art. R 4221-1 et s.). Il est tenu d'appréhender les dangers pour la santé et la sécurité des travailleurs dans tous les aspects liés à l'activité de l'entreprise. Ce travail d'identification, d'analyse et de classement des risques se manifeste par l'élaboration du document unique d'évaluation (C. trav., art. R. 4121-1 et R. 4741-1).

L'employeur négligent est susceptible d'engager sa responsabilité civile et pénale. La Cour de cassation reconnaît d'ailleurs, à la charge de l'employeur, une obligation de sécurité de résultat. Cette obligation a été affirmée dans le cadre des contentieux relatifs aux accidents du travail et maladies professionnelles (Cass. soc., 28 février 2002 : *Bull.* 2002, V, n° 81). Toutefois, la responsabilité de l'employeur peut être engagée en dehors de tout contentieux de sécurité sociale. Le domaine de l'obligation de sécurité n'a pas cessé de s'étendre, mais la tendance jurisprudentielle récente tend à assouplir la dureté des solutions passées (Cass. soc. 25 novembre 2015, n° 14-24.444).

2. Le rôle du salarié

La responsabilité du salarié s'agissant de sa santé et de sa sécurité est inscrite à l'article L. 4122-1 du Code du travail : conformément aux instructions qui lui sont données par l'employeur, il incombe à chaque travailleur de prendre soin, en fonction de sa formation et selon ses possibilités, de sa santé et de sa sécurité ainsi que de celles des autres personnes concernées par ses actes ou ses omissions au travail. En cas de manquement à son obligation de sécurité, un salarié peut voir sa responsabilité engagée sur le terrain disciplinaire. Toutefois, l'obligation du salarié est sans incidence sur le principe de la responsabilité de l'employeur. Enfin, le salarié, qui a un motif raisonnable de penser que sa situation de travail présente un danger grave et imminent pour sa vie ou sa santé, dispose d'un droit d'alerte et de retrait (C. trav., art. L. 4131-1).

Les indispensables

- Les règles relatives à la santé et la sécurité dans l'entreprise sont largement issues de la Directive européenne du 12 juin 1989, transposée par une loi du 31 décembre 1991.
- Le code du travail consacre une obligation générale de sécurité à la charge de l'employeur.
- La Cour de cassation retient une obligation de sécurité de résultat de l'employeur, dont le domaine n'a cessé de s'étendre au fil du temps.
- Le salarié est aussi tenu de prendre soin de sa santé et de sa sécurité, ainsi que celles de ses collègues.
- Le droit d'alerte et de retrait correspond à la faculté, pour le salarié se trouvant en présence d'un danger qu'il estime grave et imminent pour sa vie ou sa santé, de signaler cette situation à l'employeur et de s'en retirer.

Cas pratique

Madame Rose Biffe est à la tête d'une pharmacie d'officine depuis quelques mois. Un confrère lui a fait état d'une obligation d'évaluation des risques professionnels. Elle ne pense toutefois pas être concernée. En effet, elle n'a que quatre salariés ! De plus, ce début d'été est particulièrement stressant. Un salarié la menace de mettre en jeu sa responsabilité au motif qu'il est exposé aux fumées de cigarettes des autres, pendant les pauses déjeuners, alors même qu'il est non-fumeur ! Rose s'en étonne car ce salarié n'a développé aucune affection liée à l'inhalation des fumées. Un autre salarié a invoqué son droit de retrait ce matin au motif que, malgré le système de ventilation, il risque de faire un malaise en ces temps de forte chaleur. Rose trouve cela exagéré d'autant qu'il fait 24° dans les locaux.
Rose vous interpelle sur ces différentes questions et les risques juridiques encourus.

Corrigé

Ce cas pratique évoque plusieurs problématiques juridiques relatives à la protection de la santé et de la sécurité du salarié.

1. L'obligation d'évaluation des risques

Le document unique d'évaluation des risques est obligatoire dans toutes les entreprises, quels que soient leur effectif et le secteur d'activités (C. trav., art. L. 4111-1 et R. 4121-1). L'employeur encourt une sanction pénale en l'absence de document unique dans son entreprise (C. trav., art. R. 4741-1). Les juges rappellent cette obligation et indemnisent les salariés en l'absence d'un tel document (Cass. soc., 8 juillet 2014, n° 13-15470), même dans les cas où aucun risque n'est avéré. Rose est donc dans l'obligation d'élaborer ce document, malgré l'effectif restreint de salariés.

2. La responsabilité de l'employeur

L'exposition d'un salarié au tabagisme passif engage la responsabilité de l'employeur. Ce dernier doit appliquer la législation antitabac dans son entreprise, mais aussi la faire respecter au besoin en usant de son pouvoir disciplinaire (Cass. soc., 29 juin 2005, n° 03-44.412). Quel que soit l'impact pour la santé du salarié, l'employeur sera considéré comme fautif du seul fait de ne pas avoir fait respecter la réglementation antitabac et donc d'avoir exposé les salariés aux fumées de cigarette (Cass. soc., 6 oct. 2010, n° 09-65.103).
En l'espèce, le reproche du salarié n'est pas anodin puisque la responsabilité de l'employeur peut être recherchée pour indemniser le tabagisme passif, en l'absence même de tout impact sur la santé. Rose doit appliquer et faire appliquer la législation antitabac dans l'entreprise.

3. Le droit d'alerte et de retrait

Le travailleur alerte immédiatement l'employeur de toute situation de travail dont il a un motif raisonnable de penser qu'elle présente un danger grave et imminent pour sa vie ou sa santé ainsi que de toute défectuosité qu'il constate dans les systèmes de protection. Il peut se retirer d'une telle situation (C. trav., art. L. 4131-1). Le droit de retrait suppose un danger grave, à savoir un danger qui est susceptible de conséquences sérieuses, de suites fâcheuses pour l'intégrité physique ou la santé du salarié. Le danger doit également être imminent. En outre, le salarié doit avoir un motif raisonnable de penser que le maintien à son poste de travail présente ce type de danger pour sa vie ou sa santé. Si les conditions ne sont pas réunies, le salarié s'expose à une retenue sur salaire. L'exercice illégitime par le salarié de son droit de retrait peut même justifier une sanction disciplinaire allant jusqu'au licenciement. En l'espèce, les conditions du droit de retrait ne semblent pas réunies.

Fiche 38

Le harcèlement moral et le harcèlement sexuel au travail

▶ Objectifs de la fiche

- Identifier juridiquement le harcèlement moral et le harcèlement sexuel au travail au regard du code du travail.
- Comprendre l'arsenal législatif en termes de prévention et de sanction du harcèlement.

Références jurisprudentielles

- Cass. soc., 21 juin 2006 : *Bull. civ. V*, n° 223.
- Cass. soc., 29 juin 2011, n° 09-70.902.
- Cass. soc., 1er juin 2016, n° 14-19.702.

Tant le harcèlement moral que le harcèlement sexuel sont encadrés par le code du travail. Il s'agit aussi de délits.

1. Identification juridique des formes de harcèlement

Selon l'article L. 1152-1 du code du travail, « aucun salarié ne doit subir les agissements répétés de harcèlement moral qui ont pour objet ou pour effet une dégradation de ses conditions de travail susceptible de porter atteinte à ses droits et à sa dignité, d'altérer sa santé physique ou mentale ou de compromettre son avenir professionnel ».

Par application du code du travail, « aucun salarié ne doit subir des faits 1° Soit de harcèlement sexuel, constitué par des propos ou comportements à connotation sexuelle répétés qui soit portent atteinte à sa dignité en raison de leur caractère dégradant ou humiliant, soit créent à son encontre une situation intimidante, hostile ou offensante ; 2° Soit assimilés au harcèlement sexuel, consistant en toute forme de pression grave, même non répétée, exercée dans le but réel ou apparent d'obtenir un acte de nature sexuelle, que celui-ci soit recherché au profit de l'auteur des faits ou au profit d'un tiers » (C. trav., art. L. 1153-1). Ces deux formes de harcèlement donnent lieu à un contentieux abondant.

2. Prévention et sanction du harcèlement au travail

Le code du travail interdit qu'un salarié, une personne en formation ou en stage puisse être sanctionné, licencié ou faire l'objet d'une mesure discriminatoire, directe ou indirecte, notamment en matière de rémunération, de formation, de reclassement, d'affectation, de qualification, de classification, de promotion professionnelle, de mutation ou de renouvellement de contrat pour avoir subi ou refusé de subir des agissements répétés de harcèlement moral ou pour avoir témoigné de tels agissements ou les avoir relatés (C. trav., art. L. 1152-2). Il en est de même s'agissant de harcèlement sexuel (C. trav., art. L. 1153-2, et art. L. 1153-3).

L'employeur doit prendre toutes dispositions nécessaires en vue de prévenir les agissements de harcèlement moral et sexuel. Le code du travail lui enjoint aussi de sanctionner tout salarié ayant procédé à des agissements de harcèlement (C. trav., art. L. 1152-5 - art. L. 1153-5, et art. L. 1153-6).

L'employeur est tenu envers ses salariés d'une obligation de sécurité de résultat en matière de protection de la santé et de la sécurité des travailleurs, notamment en matière de harcèlement moral, et l'absence de faute de sa part ne peut l'exonérer de sa responsabilité (Cass. soc., 21 juin 2006 : *Bull. civ.* 2006, V, n° 223). Sa responsabilité est engagée alors même qu'il n'est par l'auteur des agissements. Longtemps, elle était même retenue quand bien même il avait pris des mesures en vue de faire cesser ces agissements (Cass. soc., 29 juin 2011, n° 09-70.902). Toutefois, récemment, la Cour écarte la responsabilité d'un employeur qui justifie avoir pris toutes les mesures de prévention prévues par le code du travail et qui, informé de l'existence de faits susceptibles de constituer un harcèlement moral, a pris les mesures immédiates propres à le faire cesser (Cass. soc., 1er juin 2016, n° 14-19.702).

Les indispensables

- Le harcèlement moral et le harcèlement sexuel au travail sont inscrits dans le code du travail et dans le code pénal.
- Ils répondent à des définitions juridiques précises.
- Le code du travail met à la charge de l'employeur l'obligation de prévenir les agissements de harcèlement.
- L'employeur doit sanctionner l'auteur du harcèlement.
- La responsabilité de l'employeur peut être engagée en cas de harcèlement au travail, qu'il en soit ou non l'auteur.

Cas pratique

Madame Aude Source est comptable depuis 30 ans dans la même entreprise. Son supérieur hiérarchique direct, qui était devenu un ami, est parti en retraite il y a tout juste un an. Depuis, la vie est devenue impossible pour Aude. Monsieur Tichef, nouvellement recruté, lui mène la vie dure. Il multiplie les réprimandes, lui envoie des mails de manière incessante, la rabaisse devant les collègues sans fondement et se plaît même à quelques humiliations. Aude doit préparer le café et le servir pendant les réunions de travail et ne peut exprimer son point de vue qu'à condition d'avoir levé la main. Ses conditions de travail sont devenues déplorables et tout est fait pour la pousser à bout. Elle consulte d'ailleurs régulièrement son médecin. Elle a plusieurs fois interpellé le Directeur général, Monsieur Granchef, sur cette situation. Celui-ci ne l'a toutefois pas pris au sérieux, allant même jusqu'à lui rétorquer : « si vous n'êtes pas en arrêt maladie, cela signifie que tout va bien, n'est-ce pas ? ». Il lui fait remarquer que Monsieur Tichef n'a aucunement l'intention de la harceler. De simples méthodes de management ne sauraient d'ailleurs constituer du harcèlement !
Madame Aude Source se questionne sur l'existence d'un harcèlement moral au travail et la mise en jeu possible de la responsabilité de Monsieur Granchef.

Corrigé

Ce cas pratique permet de se questionner sur les éléments constitutifs du harcèlement moral au travail et sur la responsabilité de l'employeur.

1. La qualification de harcèlement moral

Par application de l'article L. 1152-1 du Code du travail, trois conditions cumulatives permettent de caractériser l'existence, ou non, d'une situation de harcèlement moral. Le harcèlement moral nécessite un comportement répétitif. La reconnaissance du harcèlement moral suppose aussi une dégradation des conditions de travail, élément objectif du harcèlement. Enfin, les agissements doivent être susceptibles de porter atteinte aux droits, à la dignité, à la santé ou à la carrière. Si la seule altération de l'état de santé du salarié n'est pas de nature à établir en soi l'existence d'un harcèlement moral, elle n'est pas indispensable à le caractériser si d'autres conséquences peuvent être déplorées (Cass. soc., 30 avr. 2009, n° 07-43.219). Elle est en outre simplement « potentielle ». De plus, dans un arrêt du 10 novembre 2009, la Cour de cassation affirme, au visa de l'article L. 1152-1 du Code du travail, que le harcèlement moral est constitué, indépendamment de l'intention de son auteur, dès lors que sont caractérisés des agissements répétés ayant pour effet une dégradation des conditions de travail susceptibles de porter atteinte aux droits et à la dignité du salarié, d'altérer sa santé ou de compromettre son avenir professionnel (Cass. soc., 10 nov. 2009, n° 08-41.497 : *Bull. civ. V*, n° 248). L'approche large de la qualification de harcèlement moral condamne certaines méthodes de gestion mises en œuvre par un supérieur hiérarchique, lorsqu'elles se manifestent, pour un salarié déterminé, par des agissements constitutifs d'un harcèlement moral (Cass. soc., 10 nov. 2009, n° 07-45.321).
En l'espèce, les éléments du harcèlement moral au travail semblent caractérisés. L'argument patronal relatif à l'« intention » n'est pas de nature à écarter la qualification de harcèlement. Au contraire, un harcèlement « involontaire », découlant de méthodes managériales douteuses, peut être retenu par les juges.

2. La responsabilité de l'employeur

L'employeur peut voir sa responsabilité engagée, alors même qu'il ne serait pas l'auteur des agissements de harcèlement s'il ne justifie pas avoir pris toutes les mesures de prévention prévues par le code du travail et s'il n'a pas pris les mesures immédiates propres à faire cesser une situation qu'il connaissait (Cass. soc., 1er juin 2016, n° 14-19.702).
En l'espèce, Monsieur Granchef, informé de la situation, n'a rien fait pour mettre fin à la situation, allant même jusqu'à remettre en cause la réalité de la souffrance endurée par Aude. Sa responsabilité pourra donc être engagée.

Fiche 39

La rémunération

▶ Objectifs de la fiche

- Comprendre quels sont les différentes composantes de la rémunération et les règles y afférentes.

Références jurisprudentielles

- Cass. soc., 29 octobre 1996, n° 92-43.680.
- Cass. soc., 6 juill. 2010, n° 09-40.021.
- Cass. soc., 22 oct. 2014, n° 13-18362.

La rémunération comporte plusieurs composantes, le salaire de base et ses accessoires, notamment les primes et gratifications, les indemnités pour frais professionnels exposés en raison de l'exercice de l'activité (frais de déplacement, frais de repas) et les avantages en nature (voiture de fonction, matériel informatique, logement).

La liberté de la fixation du salaire constitue le principe. Cependant, ce principe subit plusieurs limites.

Tout d'abord, le montant du salaire ne peut pas être inférieur au SMIC horaire, qui garantit aux salariés leur pouvoir d'achat et une participation au développement économique de la Nation (C. trav., art. L. 3231-2). Au 1er janvier 2016, le SMIC horaire brut est de 9,67 euros soit 1466,62 euros bruts mensuels. À défaut, le salarié peut obtenir un rappel de salaire.

Ensuite, est prohibée l'indexation du salaire sur le SMIC (C. trav., art. L. 3231-3 ; Soc., 8 mars 2007) ou sur l'indice général des prix.

Enfin, la liberté de fixation du salaire est contrebalancé par le principe de non-discrimination (Cass. soc. 6 juill. 2010, n° 09-40.021) qui interdit les différences de traitement fondées sur un motif prohibé (sexe, âge, convictions politiques, etc.), sauf si elles sont justifiées et proportionnées. Est justifié le versement d'une allocation forfaitaire aux femmes partant en congé de maternité (CJCE, 16 sept. 1999, aff. C-218/98). De même, le salaire est soumis au principe « à travail égal, salaire égal », affirmé par l'arrêt Ponsolle du 29 octobre 1996 (n° 92-43.680), selon lequel « *tout employeur assure, pour un même travail ou pour un travail de valeur égale, l'égalité de rémunération entre les femmes et les hommes* » (C. trav., art. L. 3221-2 ; Soc., 22 oct. 2014, n° 13-18362). Pour déterminer la valeur égale du travail, l'article L. 3221-4 du Code du travail énonce que « *sont considérés comme ayant une valeur égale, les travaux qui exigent des salariés un ensemble comparable de connaissances professionnelles consacrées par un titre, un diplôme ou une pratique professionnelle, de capacités découlant de l'expérience acquise, de responsabilités et de charge physique ou nerveuse* ».

Généralement mensualisé (C. trav., art. L. 3242-1 à L. 3242-4), le salaire est payé soit en espèces, soit, obligatoirement, par chèque ou par virement postal ou bancaire s'il atteint la somme de 1 500 euros.

Lors du paiement du salaire, l'employeur remet un bulletin de paie, qui peut, avec l'accord du salarié, revêtir une forme électronique (C. trav., art. L. 3243-2). Les bulletins de paie doivent être conservés pendant une durée de 5 ans par l'employeur (C. trav., art. L. 3243-4).

L'acceptation sans protestation ni réserve d'un bulletin de paie par le travailleur ne peut valoir de sa part renonciation au paiement de tout ou partie du salaire et des indemnités ou accessoires de salaire (C. trav., art. L. 3243-2).

En cas de contentieux, l'action en paiement du salaire se prescrit par trois ans, à compter du jour où le titulaire du droit a connu ou aurait dû connaître les faits permettant de l'exercer (C. trav., art. L. 3245-1).

Les indispensables

- Le salaire est fixé librement.
- Le montant du salaire ne peut être inférieur au SMIC.
- La fixation du salaire ne peut porter atteinte au principe de non-discrimination. Les différences de traitement fondées sur un motif prohibé (sexe, âge, convictions politiques, etc.) sont interdites, sauf si elles sont justifiées et proportionnées.
- La fixation du salaire ne peut pas porter atteinte au principe « à travail égal, salaire égal ». Ainsi, « tout employeur assure, pour un même travail ou pour un travail de valeur égale, l'égalité de rémunération entre les femmes et les hommes ». Pour effectuer la comparaison, il convient de prendre en compte les « connaissances professionnelles consacrées par un titre, un diplôme ou une pratique professionnelle, de capacités découlant de l'expérience acquise, de responsabilités et de charge physique ou nerveuse ».
- Le salaire est mensualisé.
- Le salaire est payé selon différentes modalités : soit en espèces, soit, obligatoirement, par chèque ou par virement postal ou bancaire s'il atteint la somme de 1 500 euros.
- Le bulletin est portable et est conservé pendant 5 ans.
- L'acceptation sans protestation ni réserve d'un bulletin de paie par le travailleur ne peut valoir de sa part renonciation au paiement de tout ou partie de la rémunération.
- Le délai de prescription pour les actions relatives au salaire est de 3 ans.

Cas pratique

Engagée par l'entreprise Marseille Provencia, à compter du 24 mai 2014, en qualité de cadre stagiaire, Mme Tontina est titulaire d'une 2e année de Master « RH et relations sociales en entreprise », dispose de 7 ans d'expérience et exerce les fonctions de directeur délégué des ressources humaines au sein du service industrie de la société. Par avenant en date du 29 avril 2015, elle est titularisée en qualité de cadre, directeur des ressources humaines (DRH) et a comme rémunération 3800 euros par mois. Elle a sous ses ordres six salariés, mais ne dispose d'aucune délégation de pouvoir importante car elle ne peut recruter que les stagiaires et vacataires. Elle s'entend parfaitement avec ses collègues, M. Phillipi, M. Draxho et M. Tumbata, qui sont respectivement le directeur comptable, le directeur marketing et le directeur technique de l'entreprise Marseille Provencia. Ces derniers ont des fonctions équivalentes, sont en charge d'équipes aussi importantes et ont pour rémunération 4300 euros par mois conformément à la grille indiciaire conventionnel.

Corrigé

Le problème posé est de savoir si la salariée peut obtenir une augmentation de sa rémunération à hauteur de ses collègues masculins et un rappel de salaire correspondant en invoquant le principe d'égalité de traitement.
Selon l'article L. 3221-2 du Code du travail, « *tout employeur assure, pour un même travail ou pour un travail de valeur égale, l'égalité de rémunération entre les femmes et les hommes* ». En outre, pour déterminer la valeur égale du travail, l'article L. 3221-4 du Code du travail énonce que « *sont considérés comme ayant une valeur égale, les travaux qui exigent des salariés un ensemble comparable de connaissances professionnelles consacrées par un titre, un diplôme ou une pratique professionnelle, de capacités découlant de l'expérience acquise, de responsabilités et de charge physique ou nerveuse* ». La mise en œuvre de ces dispositions implique de se livrer à une analyse comparée de la situation, des fonctions, et des responsabilités de la salariée avec celles des autres membres de la direction (Cass. soc. 22 oct. 2014, n° 13-18362).
Il ressort des faits que la salariée a un niveau de diplôme équivalent, remplit les mêmes fonctions et a un niveau de responsabilité similaire aux autres membres du personnel auxquels elle peut être comparée.
Par conséquent, son salaire peut être revalorisé pour atteindre le même niveau de grille indiciaire que ses homologues masculins.

Fiche 40

La durée du travail

▶ Objectifs de la fiche

- Comprendre quelle est l'influence de la notion de durée du travail sur la relation de travail.

Références jurisprudentielles

– Cass. soc., 9 mars 1999, *Bull. civ. V*, n° 103.
– Cass. soc., 7 déc. 1999, *Bull. civ. V*, n° 473.
– Cass. soc., 24 avril 2013, n° 11-28398.

Il n'y a pas une durée du travail mais des durées de travail. Ces règles ne sont pas applicables aux cadres dirigeants (C. trav., art. L. 3111-2). À l'exception du repos hebdomadaire, des dispositions particulières aux jeunes travailleurs et du contrôle de la durée du travail et des repos, la durée du travail, les congés et l'aménagement des horaires de travail sont ouverts à la négociation collective. Plus précisément, le Code du travail définit les règles d'ordre public, le champ de la négociation collective et les règles supplétives applicables en l'absence d'accord.

La durée légale, fixée à 35 heures (C. trav., art. L. 3121-27), est un seuil qui, s'il est dépassé, déclenche le paiement d'heures supplémentaires. Calculées par semaine civile, les heures supplémentaires sont les heures effectuées au-delà de 35 heures. À défaut d'accord, de la 36e à la 43e heure incluse, la majoration de la rémunération horaire est augmentée de 25 %. À partir de la 44e heure, elle est de 50 % (C. trav., art. L. 3121-36). Ce supplément de rémunération peut être réduit à 10 % par convention collective. À défaut de convention collective, le contingent annuel d'heures supplémentaire est de 220 heures (C. trav., art. L. 3121-29). En outre, s'y ajoute une contrepartie obligatoire en repos, dispositif qui peut remplacer totalement ou partiellement les heures supplémentaires (C. trav., art. L. 3121-28).

L'employeur peut imposer au salarié d'accomplir des heures supplémentaires, le refus du salarié étant fautif (Cass. soc. 9 mars 1999, *Bull. civ V*, n°. 103). En revanche, le refus est valable en cas de non-paiement des heures supplémentaires précédemment accomplies (Cass. soc. 7 déc. 1999, *Bull. civ. V*, n° 473), de charge de travail excessive (Cass. soc. 13 janv. 2003, *Bull. civ. V*, n° 282) ou lorsque le recours systématique aux heures supplémentaires conduit à une modification du contrat de travail (Cass. soc. 16 mai 1991).

La durée maximale de travail dépend de la période à apprécier. **Quotidiennement**, la durée maximale est fixée à 10 heures. Elle peut être portée à 12 heures au maximum avec l'accord de l'inspection du travail, en cas d'urgence ou par convention contraire pour surcroît temporaire d'activité ou motifs liés à l'organisation de l'entreprise. **Hebdomadairement**, la durée est fixée à 48 heures avec un dépassement possible en cas de circonstance exceptionnelle et sous réserve d'une autorisation de la DIRECCTE sans porter la durée à plus de soixante heures (C. trav., art. L. 3121-20 et art. L. 3121-21). Enfin, **sur une période de 12 semaines**, la durée maximale est fixée à 44 heures par semaine (C. trav., art. L. 3121-22) avec la possibilité d'augmenter cette limite à 46 heures par semaine.

La durée minimale de travail entre également en ligne de compte : au quotidien, le temps de repos est de 11 heures par jour, avec une réduction possible à 9 heures pour différents cas de figure (C. trav., art. L. 3131-1). Le temps de pause, non-fractionnable, est de 20 minutes toutes les 6 heures (C. trav., art. L. 3121-16). Sur la semaine, un temps de repos de 24 heures est prévu tous les 7 jours (C. trav., art. L. 3132-2) qui est accordé en principe le dimanche. Enfin, à l'année, les congés payés – octroyés à raison de 2,5 jours de repos par mois travaillé – ont une durée qui ne peut excéder 30 jours ouvrables, soit 5 semaines (C. trav., art. L. 3141-3).

Pour finir, la durée du travail peut être modulée d'une semaine à l'autre, soit par accord collectif, soit par décision de l'employeur (C. trav., art. L. 3121-41). De même, les conventions de forfait permettent d'écarter la réglementation sur les heures supplémentaires, sous réserve de respecter le droit à la santé et au repos (Cass. soc., 24 avr. 2013, n° 11-28398).

Les indispensables

- La durée légale est fixée à 35 heures et est le seuil de déclenchement du paiement d'heures supplémentaires.
- Les heures supplémentaires correspondent aux heures effectuées au-delà de 35 heures et sont calculées par semaine civile.
- Selon les dispositions légales, de la 36ᵉ à la 43ᵉ heure incluse, la majoration de la rémunération horaire est augmentée de 25 %, et, à partir de la 44ᵉ heure, elle est de 50 %. S'y ajoute une contrepartie obligatoire en repos.
- Le contingent annuel d'heures supplémentaire est fixé 220 heures.
- En raison de son pouvoir de direction, l'employeur peut imposer au salarié d'accomplir des heures supplémentaires. Le refus du salarié d'effectuer des heures supplémentaires constitue une faute qui peut être sanctionnée par l'employeur.
- Sous réserve des adaptations conventionnelles et autorisations administratives de dépassement, la durée maximale de travail est fixée à 10 heures par jour ; 48 heures par semaine, avec un seuil maximum de 44 heures sur une période de 12 semaines.
- Le temps de repos est de 11 heures par jour en principe.
- Le temps de pause, qui ne peut être fractionné, est de 20 minutes toutes les 6 heures.
- Un temps de repos de 24 heures est accordé tous les 7 jours en principe le dimanche.
- Les congés payés – 2,5 jours de repos par mois travaillé – ont une durée qui ne peut excéder 30 jours ouvrables, soit 5 semaines.
- La durée du travail peut être aménagée par accord collectif ou par convention de forfait.

Cas pratique

M. Retors est agent technico-commercial au sein de l'entreprise Marvel SA avec une confortable rémunération de 2600,00 euros bruts par mois, soit un taux horaire de 15,39. À plusieurs reprises durant l'année 2016, il lui est demandé de réaliser des heures supplémentaires, notamment la semaine du 1er février où il réalise 7 heures supplémentaires, la semaine du 15 février où 3 heures supplémentaires sont effectuées et la semaine du 14 mars, il dépasse de 10 heures la durée légale de travail. Malheureusement pour lui, la société Marvel SA omet de lui verser le paiement de ses heures supplémentaires. Cependant, la société Marvel SA lui impose de réaliser des heures supplémentaires la semaine du 9 mai, ce qu'il refuse. M. Retors est alors licencié pour faute grave.

Corrigé

Deux problèmes méritent attention.

Le premier problème vise le calcul des heures supplémentaires.

Les heures supplémentaires sont calculées au regard de la durée légale de travail qui est fixée à 35 heures, et par semaine civile. Ainsi, sauf convention collective contraire, de la 36e à la 43e heure incluse, la majoration de la rémunération horaire est augmentée de 25 %. À partir de la 44e heure, elle est de 50 % (art. L. 3121-22, C. trav.).

En l'espèce, il n'existe aucune convention collective applicable.

Par conséquent, il lui est dû :

- pour la semaine du 1er février, 134,66 euros (7 heures x 15,39 euros x 25 %) ;
- pour la semaine du 15 février, 57,71 euros (3 heures x 15,39 euros x 25 %) ;
- pour la semaine du 14 mars, 200,07 euros (8 heures x 15,39 euros x 25 %) + (2 heures x 15,39 euros x 50 %) ;

Le second concerne la faculté pour le salarié de refuser d'effectuer des heures supplémentaires à la demande de son employeur.

En principe, l'employeur peut imposer au salarié d'accomplir des heures supplémentaires, le refus du salarié étant fautif (Cass. soc. 9 mars 1999, *Bull. civ.* V, n° 103). Par contre, le refus est admis en cas de non-paiement des heures supplémentaires précédemment accomplies (Cass. soc. 7 déc. 1999, *Bull. civ.* V, n° 473).

Par conséquent, le salarié peut opposer un refus légitime à son employeur pour les heures à effectuer durant la semaine du 9 mai dans la mesure où il n'a pas eu paiement des heures supplémentaires précédentes.

Imprimé en Italie par «La Tipografica Varese Srl» Varese